Schirner  Verlag

Das Buch

Die Anwendung des „modernen", d.h. unseren neuzeitlichen Bedürfnissen angepaßten, Feng Shui erfordert den optimalen Einsatz der vielfältigen Feng Shui-Hilfsmittel,
die mittlerweile nicht mehr allein aus dem Ursprungsland China stammen, sondern
auch in unserem westlichen Kulturkreis beheimatet sind. Seien es Tiere wie Drache,
Schildkröte und Kranich oder Gegenstände wie Spiegel, Kristall, Spirale und Vase,
jedes Symbol trägt eine wirkungsvolle Kraft in sich. Um diese zu entfalten, benötigt es
den „richtigen" Platz. Dazu gilt es zunächst, sich dieser Kraft bewußt zu werden und
sie dann entsprechend den Regeln des Feng Shui gezielt einzusetzen. Die dafür erforderlichen Kenntnisse vermitteln, alphabetisch sortiert, das hier vorliegende Buch „Feng
Shui Symbole des Westens" und sein Gegenstück „Feng Shui Symbole des Ostens" –
getrennt nach Symbolen des Ostens, also den „klassischen", und jenen des Westens,
den „neuzeitlichen" – und werden damit zum Wegweiser und zur Entscheidungshilfe
bei der Suche nach dem für den Leser richtigen Symbol an der richtigen Stelle.

Die Autoren

Christine M. Bradler, ursprünglich Gymnastiklehrerin (Bewegungstherapeutin), ver-
vollständigte ihre Entwicklung durch Ausbildungen in Astrologie, Psychologie und
Traumarbeit, wobei die kreative Symbolarbeit einen Schwerpunkt bildete. Auf diesem
Weg lernte sie Feng Shui kennen und es in ihr Leben zu integrieren, was schließlich
dazu führte, daß sie zusammen mit mit *Joachim Alfred P. Scheiner* das Institut "Feng Shui
Kreativ", Rosenheim, gründete. Überzeugt von der Wirksamkeit des Feng Shui stellte
sie ihre ganze Existenz um und ist mittlerweile Inhaberin eines Feng Shui-Ladens, leitet
Feng Shui-Seminare und berät in Sachen Feng Shui, wobei ihr ihre mediale Arbeit, in
der sie Auras liest und reinigt, wertvolle Hilfe leistet.

Dies ist das zweite bzw. dritte Werk („Feng Shui Symbole des Ostens" und „Feng
Shui Symbole des Westens" erscheinen zur gleichen Zeit), das *Christine M. Bradler* zusammen mit *Joachim Alfred P. Scheiner* zum Thema Feng Shui veröffentlicht.

Joachim Alfred P. Scheiner wandte sich nach seinem Abschluß als staatlich geprüfter
Techniker Studien über östliche Philosophien zu und traf dabei auf die Lehre des Feng
Shui. Sie überzeugte ihn umgehend, so daß er sich bei Roger Green, William Spear und
Derek Walters zum Feng Shui-Berater ausbilden ließ. Neben *Christine M. Bradler* ist
auch er einer der Mitbegründer des Instituts "Feng Shui Kreativ". Daß sein Leben im
Zeichen des Feng Shui steht, bezeugen seine vielfältigen Tätigkeiten in diesem Bereich:
Er leitet einen Großhandel für Feng Shui-Artikel, entwickelt und erforscht neue Feng
Shui-Hilfsmittel und ist auf der ganzen Welt als Feng Shui-Berater und -Seminarleiter
unterwegs. Sein Arbeitsschwerpunkt bildet dabei die Bewußtmachung der Lebenssi-
tuation sowie die kreative Erarbeitung und Verwendung von Symbolen.

Christine M. Bradler
Joachim Alfred P. Scheiner

Feng Shui
Symbole
des Westens

Illustriert von

Klaus Holitzka

Schirner ☸ Verlag

Vermerk

Die in diesem Buch aufgeführten Vorschläge und Gestaltungshinweise sind von den Autoren sorgfältig ausgewählt und geprüft. Es kann jedoch keine Garantie für die Wirkungsweise übernommen werden. Eine Haftung der Autoren bzw. des Verlages und seiner Beauftragten für Personen-, Sach- und Vermögensschäden ist ausgeschlossen.

ISBN 3-930944-90-1

Copyright © Schirner Verlag, Darmstadt
Erste Auflage 1999

Umschlaggestaltung: Klaus Holitzka
Herstellung: Reyhani Druck & Verlag, Darmstadt

Inhaltsverzeichnis

Alles ist uns ein Spiegel 9
Einführung 11

Das Ba Gua 15
• Übertragung des Ba Gua auf einen Raum 17
• Interpretation der Ba Gua-Bereiche 18
• Anwendung des Ba Gua 27
• Das Zentrum 31
Affirmation 34

Die Symbole 35
Aquarium 36
Blumen 38
Buchsbaum 41
Briefbeschwerer 43
Delphin 44
DNS-Doppelspirale 47
Dreieck 51
Düfte 53
Edelsteine/Mineralien 54
• Achat 55
• Amethyst 56
• Bergkristall 57
• Fluorit 58
• Rauchquarz 58
• Rosenquarz 58
Ei 61
Einhorn 63
Elementarwesen 65
Elemente, die fünf 67
Engel 70

Eule 73
Fahne 75
Farben 77
• Weiß 78
• Schwarz 79
• Rot 80
• Grün 81
• Gelb 82
• Blau 83
• Orange 84
• Rosa 84
• Violett/Purpur 85
• Braun 85
Frosch 87
Früchte, goldene 89
Füllhorn 91
Hirsch 93
Kerze 95
Klangspiel 96
Kreis 98
Kreuz 100
Kristall-Prismen (Regenbogenkristalle) 103
Labyrinth 107
Licht 108
Lilie 111
Löwe 112
Mäander 115
Magisches Quadrat 116
• Saturn 116
• Jupiter 117
• Mars 117
Mandala 118
Mistel 121
Mobile 122
Paravent 125

Pflanzen 126
• Die Pflanze als Lebewesen und Energiespender 126
• Pflanzen als Luftfilter und -befeuchter 126
• Pflanzen als Schutz 127
• Pflanzen den Elementen zuordnen 127
• Standort und Pflege: 128
• Symbolgehalt der Pflanzen: 128
Quadrat 133
Quelle 135
Räuchern 136
Regenbogen 139
Rose 141
Rosenkugel 143
Runen 144
Salzkristall-Lampen 146
Schmetterling 149
Spiegel 150
• 1. Ausgleich von Fehlbereichen 151
• 2. Als Rückspiegel (zur Kontrolle) 152
• 3. Vergrößerung von Räumen 153
• 4. Versiegeln einer Tür 154
• 5. Ausgleich von versetzten Türöffnungen 155
• 6. Verdoppelung 155
Spirale 157
Steine 158
Teich 160
Tor 163
Türkranz 165
Wasser 166
Die 3 glückverheißenden Wasser 168
Wasserfall-Poster 170
Windrad/Windsack 173
Yin und Yang 174
Zahlen 176
• Eins 176

• Zwei 176
• Drei 177
• Vier 177
• Fünf.. 177
• Sechs 178
• Sieben.. 178
• Acht 178
• Neun 179
Zimmerbrunnen 180

Index 182
Weiterführende Literatur 187
Kontaktadressen 188
Ba Gua-Schablonen 189

Alles ist uns ein Spiegel

Wir leben nicht nur in einer Welt von Symbolen,
sondern eine Welt von Symbolen lebt in uns und durch uns.

Jeder, ob er sich dieser Tatsache bewußt ist oder nicht,
bedient sich der *Symbole:*
bei Tag und Nacht, in der Sprache, in Handlungen und Träumen.

Es gehört zum Wesen des Symbols,
daß es sich nicht auf einen festen Rahmen einengen läßt,
da es ja gerade die Extreme, Unvereinbares, Konkretes und
Abstraktes vereint
und dazu dient, als ein mit den Sinnen wahrnehmbares Zeichen
etwas anzudeuten,
das mit den Sinnen nicht wahrnehmbar ist.

Das Symbol trennt und vereint.
Es dient als Mittel zur Erkenntnis und zum Bekenntnis,
zeigt Trennung und zugleich Verbindung des Getrennten auf.

So vermittelt es eine Totalerfahrung,
ist ein Zeichen der Verknüpfung des Sichtbaren
mit dem Unsichtbaren,
der Sehnsucht nach Wiederherstellung.
So zeigt uns alles durch seinen unsichtbaren Hintergrund auf,
was uns im jeweiligen Moment trennt und ergänzt.
Dabei spielt es keine Rolle, ob es eine Situation, ein Gegenstand,
ein Mensch oder „nur" ein Gedanke,
ob es ein freudiges oder trauriges Ereignis ist.

Alles ist uns ein Spiegel

Das Wissen von
Feng Shui
bietet uns nun die Möglichkeit an,
Symbole bewußter und gezielter einzusetzen,
so daß dadurch das gesamte Umfeld harmonischer
und von jedem Einzelnen als Ganzheit erfahrbar wird.

Christine M. Bradler

Einführung

Feng Shui nennt sich die alte chinesische Kunst, Lebensräume harmonisch zu gestalten. Diese Lehre, die Volksglauben, Religion und Wissenschaft miteinander verbindet, ist längst nicht nur in China und im asiatischen Raum verbreitet, sondern hält seit einiger Zeit auch Einzug im Westen. Immer mehr Wohnhäuser oder Geschäfte werden nach Feng Shui-Richtlinien geplant und eingerichtet, denn nicht nur unsere äußere Welt, sondern auch unsere unmittelbare Umgebung beeinflußt unser körperliches und seelisches Gleichgewicht; so wirkt ein harmonischer Lebensraum positiv auf unser Wohlbefinden.

Feng Shui hat seinen Ursprung in der chinesischen Philosophie des Taoismus. Betrachtet man Feng Shui losgelöst vom Weltbild des alten China scheint es nur eine Anhäufung von alten Riten und Praktiken zu sein. In allem, was existiert, finden wir das Tao, das Absolute, die Einheit, es kennt weder Anfang noch Ende, es ist der Ursprung aller Dinge. Das Tao schuf Himmel und Erde. Wer sich mit Feng Shui beschäftigt, bekennt sich zu diesem Prinzip des Universums, das alles mit seinen Energien durchströmt.

Laotses Ausspruch bringt alles auf den Punkt: „Das Tao ist wirklich und nachweisbar, doch untätig und ohne Form. Es kann vermittelt, aber nicht empfangen werden. Es existiert in sich und durch sich selbst. Es war vor Himmel und Erde und wird in alle Ewigkeit sein. Es verlieh den Göttern ihre Göttlichkeit und der Welt ihr Dasein."

Chi, die Urenergie des Tao, verbindet und belebt alles, sie bringt alles hervor, und zu ihr kehrt alles zurück. Das Tao ist wie ein riesengroßer Ozean, der aus den Wassern des Chi besteht. Zwei Ströme durchziehen diesen Ozean, das Yin (-Chi) und das Yang (-Chi), und lassen Wellen, Wirbel und Strudel entstehen; und so ist das Tao eine unaufhörliche, fließende und niemals endende Bewegung.

Feng Shui heißt Wind und Wasser und gibt somit in Kurzform die fließende und niemals endende Bewegung des Tao wieder, die in der natürlichen Weltordnung ihren Ausdruck findet. Feng Shui beruht auf der Überzeugung, daß alles mit Leben durchdrungen ist, der Baum, der

Berg, der Stein und der Mensch, die Erde und der Himmel. Daher steht alles in unmittelbarer Beziehung zueinander. Alle Maßnahmen des Feng Shui haben das Ziel, das Gleichgewicht dieser Beziehungen zu sichern oder wiederherzustellen.

Um dieses Ziel zu erreichen sucht Feng Shui Anhaltspunkte in der Astrologie, Astronomie, bezieht Formen der Landschaft auf das Leben des Menschen, sieht in den Elementen, den Farben und den Himmelsrichtungen Hinweise für den Weg des „Schicksals".

Die Grundgedanken des Taoismus kennzeichnen die Lehre des Feng Shui. Die taoistische Lehre geht davon aus, daß die menschliche Ordnung nur ein Abbild der heiligen Ordnung ist, die wir im ganzen Universum finden und daß alles, was auf der Erde existiert, ein Abbild des Himmels darstellt. Deshalb wurde den Planeten, Sternen, Mond und Sonne von Anfang an eine übergeordnete Rolle im Feng Shui zugeordnet, weshalb das Firmament das erste Lehrbuch des Feng Shui-Beraters ist. Wußte man die Geheimnisse von Himmel und Erde zu entziffern, so glaubte man, Einfluß auf das Geschick von Nationen und Menschen nehmen zu können.

Überall in unserer Umgebung fließt die Urenergie, das Chi. Ist sein Fluß ungehindert, so besteht die Harmonie, stockt das Chi, kommt es zu einer Störung. Feng Shui bietet Methoden an, Störungen zu beheben, indem es die gestörte Harmonie zwischen Mensch, Kosmos und Tao wiederherstellt.

Wind und Wasser (Feng Shui) bezieht sich auf die Wechselwirkung des Chi mit den Kräften der Natur. Friedvolle Harmonie soll zwischen allen himmlischen und irdischen Elementen herrschen. Wir können uns entweder fatalistisch in unser Schicksal fügen oder aber unser Leben selbst in die Hand nehmen. Ergreifen wir Maßnahmen, die sich auf die Harmonie auswirken, werden wir unser Leben entscheidend beeinflussen und verbessern. So sollen wir uns als einen Mikrokosmos des Universums sehen, als Teil der Natur. Feng Shui lehrt uns, in innerer und äußerer Harmonie zu leben, also in Harmonie mit uns und unserer Umwelt.

Feng Shui ist also weit mehr als das populäre „Tao des Wohnens". Diese komplexe Lehre sollte nicht auf einfache Regeln oder Lehrsätze reduziert werden, denn ohne taoistischen Hintergrund kann man die Tiefe des Feng Shui nicht ergründen. Es ist ein religiöses System, das versucht, praktisch auf die Urkraft des Universums einzugehen. Dadurch sollen die Grenzen zwischen der alltäglichen und der heiligen Welt aufgehoben werden. Als Werkzeug hilft Feng Shui uns Menschen, uns in den Kosmos einzufügen, ermöglicht uns, über uns selbst hinauszuwachsen und so die Harmonie zu finden.

Doch was ist Harmonie oder Glück im Leben? Die taoistische Lehre des Feng Shui besagt, daß das Glück im „heilen Leben" liegt. Das Heil entspringt der Natur, einer Natur, die Mensch, Erde und Kosmos vereint. Um dieses „Heil-Sein" oder „Ganz-Sein" stetig zu erfahren, war und ist es das Bestreben des Menschen, sich mit der Natur im Kleinen, in Form von Symbolen zu umgeben.

Die Philosophie des Feng Shui zeigt uns, welches Symbol für die jeweilige Person, Situation und Umgebung, abgestimmt auf die individuellen Bedürfnisse, verwendet werden kann, um Harmonie oder Ganzheit und damit Heilung zu erreichen.

Symbole wirken über drei Ebenen, wobei eine vierte Ebene, eine uns Menschen nicht immer bewußt erfahrbare und frei verfügbare Ebene, die Grundlage bildet und in uns das Bewußtsein der Ganzheit, dem Einssein mit dem Universum und die Verbindung zum Tao, dem Absoluten, lebendig erhält. Von dieser vierten Ebene ausgehend nehmen wir auf der mentalen Ebene einen bewußten oder unbewußten Impuls wahr, daß uns etwas von der Ganzheit trennt, was uns drängt diesen Zustand zu verändern.

Auf der nächsten Ebene, der Empfindungsebene verspüren wir die Schwingung des Symbols, die sich mit unserem inneren Bedürfnis in Resonanz bewegt. Aus der ziellos und ungebändigt wirkenden Kraft des Symbols wird damit auf der energetischen Ebene diese Schwingung verstärkt und fokussiert und kann somit gezielt eingesetzt werden. Je bewußter dieser Vorgang wahrgenommen und eingesetzt wird, um so effektiver können wir diese Energie als Signal oder Mitteilung an uns und unsere Umwelt weitergeben.

Das Ba Gua

Das „Ba Gua", ein sehr effektives und einfaches Werkzeug im Feng Shui, ist ein Raster, das bei Grundrißanalysen zur Anwendung kommt. Es verkörpert die acht Lebensbereiche, und basiert auf den acht → *Trigrammen* des I Ging (Buch der Wandlungen). Nach Meinung der alten Chinesen beinhaltet dieses System alle Grundbausteine des Universums, auf denen alles Leben aufbaut. Alle energetischen Qualitäten, Gegenstände und Elemente lassen sich über die acht Trigramme beschreiben und analysieren.

Die Anordnung der Ba Gua-Bereiche entspricht der postnatalen Himmelssequenz (Späthimmel) der acht → *Trigramme*, womit eine direkte Verbindung zwischen den Trigrammen und den Lebensbereichen (= Ba Gua-Bereiche) besteht. Somit können mit Hilfe des Ba Gua einzelne Räume genau analysiert und über die gewonnenen Erkenntnisse Rückschlüsse über die Lebensgewohnheiten und die Lebensqualität gewonnen werden. Das Ziel von Feng Shui ist es, zwischen den einzelnen Ba Gua-Bereichen ein Gleichgewicht zu erzeugen, um so Harmonie, Frieden und Gesundheit in unser Leben zu bringen.

Eines der weitestverbreiteten Ba Gua-Systeme ist das tibetische „Drei-Türen-Ba Gua". Wie es der Name schon andeutet, ist hier der Ausgangspunkt die Tür, sei es die Gartentür, die Hauseingangstür oder die Zimmertür. Die Eingangstür ist die Öffnung, durch die Energie in die Räumlichkeiten strömt. Sie wird deshalb auch als die „Pforte des Chi" bezeichnet. Deshalb muß, falls das Haus oder Zimmer mehrere Eingänge besitzt, klar festgelegt werden, welche Tür als Haupteingang benutzt wird.

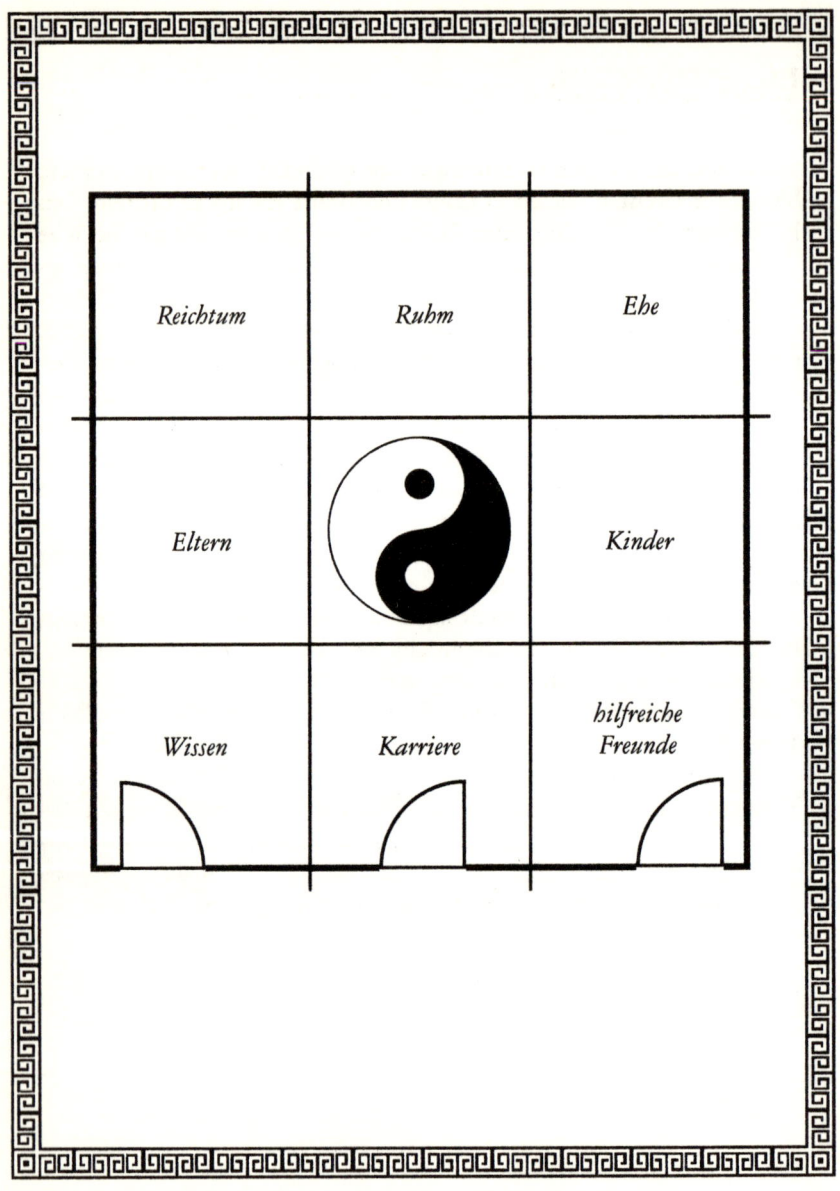

Ba Gua-Schablone (tibetisches Drei-Türen-System)

Übertragung des „Ba Gua" auf einen Raum

Soll nun das Ba Gua räumlich auf den Grundriß übertragen werden, so ist es notwendig, diesen in Länge und Breite jeweils zu dritteln. Das heißt, Sie teilen die Länge und Breite des Raumes in drei gleiche Teile und ziehen, ähnlich einem Koordinatensystem, waagerechte und senkrechte Linien.

Sie erhalten neun gleichgroße Flächen. Jedes der einzelnen Rechtecke oder Quadrate entspricht genau 1/9 des Gesamtgrundrisses. Die mittlere Fläche wird keinem der acht Lebensbereiche zugeordnet, denn sie ist das „Tai Chi" – das Zentrum, das alles und nichts enthält.

Wird nun das Ba Gua auf den aufgeteilten Raum übertragen, so erkennen wir, daß sich die Eingangstür entweder im Bereich „Wissen", „Karriere" oder „hilfreiche Freunde" befindet. Die Wand, in der die Tür ist, wird als Grundlinie oder Basislinie bezeichnet, von der aus die weiteren Ba Gua-Bereiche abzulesen sind. Sie erhalten somit eine Ba Gua-Schablone, die Sie auf alle Flächen, sei es Grundstück, Haus, Wohnung, Zimmer oder Schreibtisch, übertragen können.

Ein kleiner Tip, wie Sie die Ba Gua-Schablone ganz einfach anwenden können:

Halten Sie die Ba Gua-Schablone vor sich, und stellen Sie sich in die Tür des Zimmers, das Sie betrachten möchten. Übertragen Sie das Koordinatensystem gedanklich auf den Raum. Demzufolge befindet sich der Bereich „Reichtum" immer im linken oberen Bereich, der Bereich „Partnerschaft" immer im rechten oberen Bereich usw., und es spielt keine Rolle, ob Sie rechts, mittig oder links in das Zimmer eintreten.

Interpretation der Ba Gua-Bereiche

Jeder Bereich des Ba Gua schwingt energetisch gesehen mit seiner symbolischen Ladung, die wiederum im jeweiligen Trigramm Ausdruck findet.

Karriere

Trigramm: Wasser (K´an)
Element: Wasser
Farbe: schwarz, blau
Jahreszeit: Winter
Tageszeit: Nacht
Organe: Niere und Blase

Dieser Bereich ist mit dem Element Wasser verbunden und trägt damit eine starke Kraft in sich, nämlich die des Meeres, der Urenergie, aus der alles Leben entstand.

Er spiegelt unseren Lebensweg – das Auf-und-Ab im Leben, ähnlich einem natürlichen Bachlauf, der sich durch eine Landschaft schlängelt.

Die Karriere zeigt uns das, was wir erreichen wollen, sei es im Privaten oder im Berufsleben, und sollte deshalb angenehm erscheinen und ordentlich sein, damit die Energie frei fließen kann. Unordnung durch herumstehende Schuhe, Taschen oder Kartons, gerade im Eingangsbereich, hindern am „Weiterkommen".

Fehlt dieser Bereich im Grundriß, so haben die Bewohner Mühe, ihren richtigen Lebensweg zu finden. Berufliche Ziele werden nur schwer erreicht.

Hilfsmittel:
• Aquarium • kleiner Zimmerbrunnen • Schale mit Wasser • Spiegel
• blauer Fußabstreifer • Wellenmuster in der Wand- oder Bodengestaltung • Wasserfall-Poster • Quelle

Wissen

	Trigramm:	Berg (Ken)
	Element:	Erde
	Farbe:	gelb, braun, beige
	Jahreszeit:	Vorfrühling
	Tageszeit:	früher Morgen
	Organe:	Milz und Magen

Ähnlich der Formulierung „wie ein Fels in der Brandung" symbolisiert dieser Bereich Stabilität und Sicherheit, da er mit dem Element Erde verbunden ist. Kontemplation, Lernen und Weisheit sind hier das Thema.

Hier spiegelt sich unser inneres Wissen – unsere Weisheit – um das eigene Ich wieder, das Wissen, das wir uns selbst erarbeitet haben. Es ist eine starke aber passive Energie.

Innerhalb eines Hauses eignet sich dieser Bereich sehr gut für einen Meditationsplatz oder die private Bibliothek, um in sich hineinzuhören, zu studieren und sich zu sammeln. Gestalten Sie deshalb diesen Bereich nicht zu dynamisch.

Fehlt dieser Bereich im Grundriß, so besteht die Gefahr, daß immer wieder die gleichen Fehler gemacht werden und der innere Zugang „versperrt" bleibt.

Hilfsmittel:
• Bücher • Bild mit Bergmotiv • Einhornskulptur • Kerze • Salzkristallampe • Yin/Yang-Emblem • Mandala • Mineralien und Edelsteine

Eltern	Trigramm:	Donner (Chen)
(Familie)	Element:	Holz
	Farbe:	hellgrün
	Jahreszeit:	Frühling
	Tageszeit:	Morgen
	Organe:	Leber und Gallenblase

Dieser Bereich hat nicht nur mit unseren leiblichen Eltern zu tun, sondern auch mit dem, was uns geprägt hat oder immer noch prägt, wie z.b. unsere Vorbilder, Lehrer, Mentoren oder auch unsere beruflichen Vorgesetzten, oder Personen in einer höheren Position.

Es ist eine offene und empfängliche Energie, die allerdings von der Vergangenheit beeinflußt wird. Hier wird die Ordnung der Natur, symbolisiert durch den Donner, aufgerufen. Dabei ist es wichtig, immer wieder auf die Wurzeln zurückzublicken, um darauf aufzubauen.

Da diesem Bereich die Gesundheit zugeordnet wird, sollten Sie auf eine harmonische und vitale Raumgestaltung achten.

Fehlt dieser Bereich im Grundriß, so können familiäre Spannungen oder Gesundheitsprobleme die Folge sein.

Hilfsmittel:

* Delphin-Skulptur • kräftige Pflanzen • Blumen • Zimmerbrunnen
* Aquarium • DNS-Doppelspirale • Klangspiel

Reichtum

	Trigramm:	Wind (Sun)
	Element:	Holz
	Farbe:	grün
	Jahreszeit:	Frühsommer
	Tageszeit:	Vormittag
	Organe:	Leber und Gallenblase

So wie der Wind ist diese Energie sehr stark. Sie ist dem Holz zugeordnet und hat viel Einfluß auf uns, denn sie bringt unseren Energiefluß in Bewegung.

Dieser Bereich spiegelt unseren Wohlstand und Reichtum, unsere finanzielle Situation, aber auch das Glück und den Segen, die über unserem Leben liegen. Er hat die glücklichen Umstände zum Inhalt, die einem im Leben weiterbringen – die sogenannten „Zufälle".

Reichtum wird oft nur auf das Materielle (Geld) beschränkt, doch ist der „Innere Reichtum" (Lebensfreude, Optimismus, Zufriedenheit) oft viel wertvoller als allgemein angenommen.

Fehlt dieser Bereich im Grundriß, so können finanzielle Schwierigkeiten die Folge sein, die durch unüberlegte Handlungen entstehen.

Hilfsmittel:

• Aquarium • Zimmerbrunnen • kräftige Pflanzen • goldene Früchte • Wasserfallposter • DNS-Doppelspirale • Quelle

Ruhm

Trigramm:	Feuer (Li)
Element:	Feuer
Farbe:	rot, orange, violett
Jahreszeit:	Sommer
Tageszeit:	Mittag
Organ:	Herz und Dünndarm

Die Bezeichnung Ruhm wird oft mißverstanden, denn dieser Bereich spiegelt nicht nur unsere Erscheinung nach Außen – die Anerkennung und Würdigung, die wir durch unsere Umwelt erhalten – „wie werde ich angesehen", sondern bezieht sich auch auf das innere Licht, das Bewußt-Sein, sowie Selbstachtung und Selbsterkenntnis.

Das zugeordnete Element „Feuer" ist eine Energie, die unsere Leidenschaft, unser Talent und unsere mentale Fähigkeiten unterstützt.

Der Bereich „Ruhm" liegt der „Karriere" gegenüber, denn unser Lebensweg hat schließlich ein Ziel. Deshalb wird mit diesem Bereich auch der „Sinn des Lebens" in Verbindung gesetzt.

Fehlt dieser Bereich im Grundriß, so neigen die Bewohner dazu, zu sehr auf das Urteil anderer zu achten. Sie besitzen wenig Selbstvertrauen und haben das Gefühl zu wenig Anerkennung zu bekommen.

Hilfsmittel:
• Urkunden oder Pokale • helles Licht • Kerzen • Salzkristallampe • DNS-Doppelspirale • Kristall-Prismen • Schmetterlings-Mobile

Ehe	Trigramm:	Erde (K´un)
(Beziehungen)	Element:	Erde
▬▬ ▬▬	Farbe:	gelb, braun, beige
▬▬ ▬▬	Jahreszeit:	Spätsommer
▬▬ ▬▬	Tageszeit:	Nachmittag
	Organe:	Milz und Magen

Wie die Mutter Erde ist dieser Bereich mit den stärksten weiblichen Prinzipien aufgeladen: Wahrhaftigkeit, Empfänglichkeit aber auch Gebefreudigkeit. Es ist eine stark nährende und empfangende Energie, nachgebend bis zur bedingungslosen Annahme.

Hier spiegeln sich unsere Beziehungen, sei es eine Partnerschaft, eine Ehe, eine platonische Beziehung, eine engere Freundschaft oder die berufliche Beziehung zu Geschäftspartnern.

Bei der Gestaltung dieses Bereiches sollten Sie darauf achten, Symbole der Gemeinsamkeit, Liebe und Empfänglichkeit zu verwenden. Meiden Sie Gegenstände, die Trennung und Einsamkeit ausdrücken.

Fehlt dieser Bereich im Grundriß, so hat es besonders die Frau schwer, eine erfüllte Beziehung zu einem Lebenspartner aufzubauen. Die Beziehungen zu Nachbarn oder Arbeitskollegen sind oft problematisch.

Hilfsmittel:
• Partner-Delphin • paarweise Gegenstände • Salzkristallampe • Mineralien/Edelsteine • rote Rosen • DNS-Doppelspirale • Mandala

Kinder

	Trigramm:	See (Tui)
	Element:	Metall
	Farbe:	weiß, silber, grau
	Jahreszeit:	Herbst
	Tageszeit:	Spätnachmittag
	Organe:	Lunge und Dickdarm

Ähnlich wie ein tiefer See zeigt uns diese Energie unsere eigene Tiefe – unsere Gefühle. Wenn wir uns dieser Kraft bewußt werden, können wir sie voll ausschöpfen und unsere Kreativität für die Zukunft nutzen.

Dieser Bereich spiegelt uns, ähnlich wie beim Bereich „Eltern", nicht nur unsere leiblichen Kinder wieder, vielmehr wird mit diesem Bereich unsere Zukunft und Entwicklung symbolisiert. Alle Ideen, die wir in die Tat umsetzen möchten, haben hier ihren Ursprung. Im Beruflichen ist dieser Bereich gerade bei einer Firmenneugründung nicht zu unterschätzen, denn in ihm steckt die Quelle der Freude und des Lebens.

Bei der Raumgestaltung können Sie hier Ihrer Phantasie freien Lauf lassen. Lebendigkeit und Kreativität in Form und Farbe können hier verwirklicht werden um diesen Bereich zu unterstützen.

Fehlt dieser Bereich im Grundriß, so leiden die Bewohner oft unter Schwermut und Lebensfrust. Das vorhandene Geld wird eher für Nützliches ausgegeben als für Hobbies. Die Beziehung zwischen Eltern und Kindern kann sich schwierig gestalten.

Hilfsmittel:
• Kristall-Prismen • Skulptur mit spielenden Delphinen • Metall-Klangspiel • phantasievolle Gemälde • Mobile • blühende Blumen

Hilfreiche	Trigramm:	Himmel (Chien)
Freunde	Element:	Metall
▬▬▬▬▬	Farbe:	weiß, silber, grau
▬▬▬▬▬	Jahreszeit:	Spätherbst
▬▬▬▬▬	Tageszeit:	Abend
	Organe:	Lunge und Dickdarm

Energetisch symbolisiert dieser Bereich das Trigramm Himmel, das männliche Prinzip, also Kraft, Autorität und Führung.

Er spiegelt uns die Menschen, die uns hilfreich zur Seite stehen, wie Nachbarn, Freunde oder Hilfsorganisationen sowie unsere Schutzengel – alle, die mit ihren selbstlosen Taten und Diensten eine große Segnung unseres Lebens sind. Selbst ältere Menschen können eine große Hilfe sein, wenn diese ihre Erfahrungen an jüngere weitergeben.

Fehlt dieser Bereich im Grundriß, so haben die Menschen das Gefühl, auf sich alleine gestellt zu sein. Die Position und die Gesundheit des Mannes ist eher schwach.

Hilfsmittel:
• Kristall-Prismen • Delphin-Gruppe als Skulptur • DNS-Doppelspirale • Engelbilder oder -Figuren

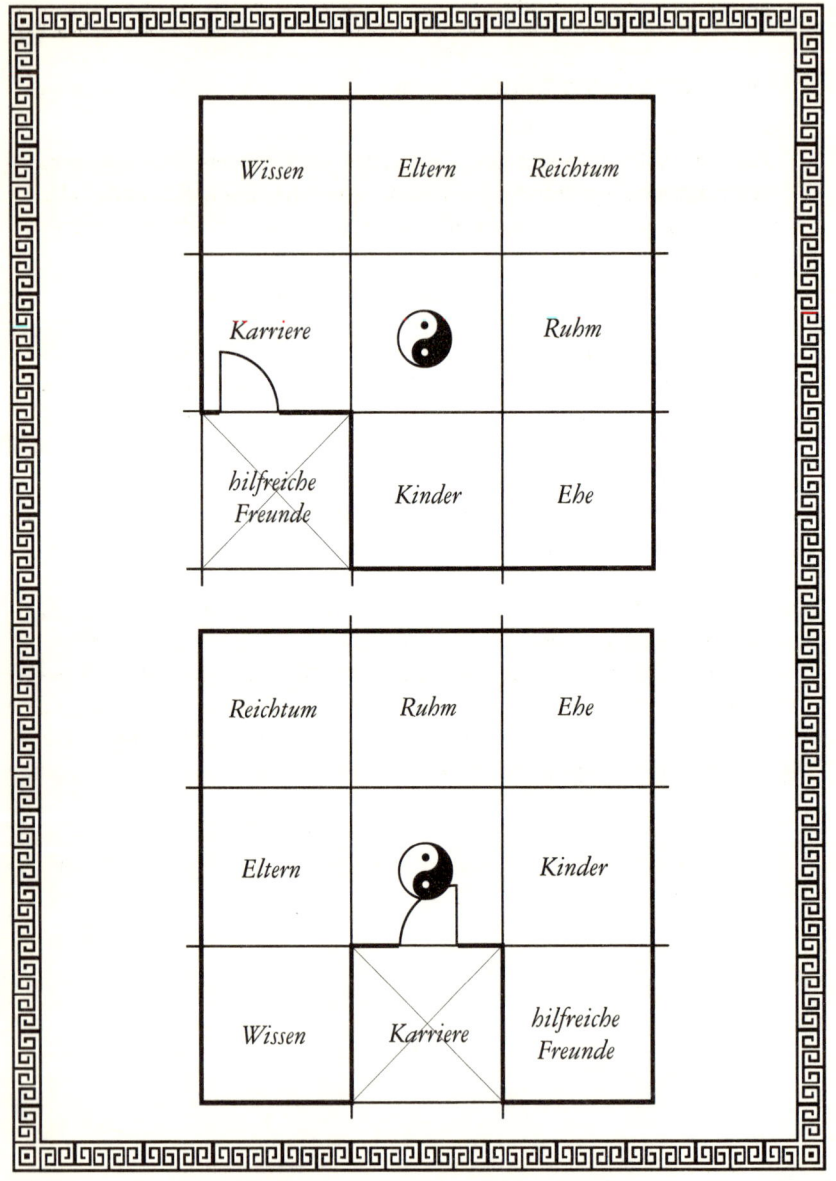

oben: L-Form mit Fehlbereich „hilfreiche Freunde";
unten: U-Form mit Fehlbereich „Karriere"

Anwendung des Ba Gua

Zunächst sollten Sie sich bewußt machen, daß im Feng Shui die Form harmonisch und vollständig zu sein hat, wie dies beim Rechteck oder Quadrat der Fall ist. Unregelmäßige und spitze Grundrißformen gelten als ungünstig.

• **L- oder U-förmige Grundrisse**
Um bei disharmonischen Grundrißformen wie L- oder U-Formen das Ba Gua anwenden zu können, werden die Grundrisse zuerst zu einem Rechteck oder Quadrat ergänzt. Die ergänzten Bereiche werden als „Fehlbereiche" bezeichnet. Übertragen bedeutet dies, je nachdem, welcher Lebensbereich fehlt, daß für die Bewohner diese Energie nur schwer zugänglich ist und sich dies über einen längeren Zeitraum belastend auswirken kann, weshalb es sich empfiehlt, hier unbedingt ein Gleichgewicht herzustellen.

Doch nicht immer entsteht ein Fehlbereich durch einen unregelmäßigen Grundriß. Ist die Länge oder Breite vom Vorbau eines Hauses kleiner als die Hälfte der restlichen Hauslänge oder -breite, so gilt dieser Vorbau als „Zusatz" oder Verstärkung. Hier erfahren die Bewohner eine spürbare Unterstützung im jeweiligen Lebensbereich.

Nachdem der Grundriß zeichnerisch ergänzt wurde, werden wie gesagt, die Länge und die Breite der harmonischen Fläche durch drei gleiche Teile geteilt und die acht Lebensbereiche, entsprechend der Türanordnung, in die entstandenen Flächen übertragen.

---

*Am Ende des Buches finden Sie drei Ba Gua-Schablonen zum Ausschneiden.

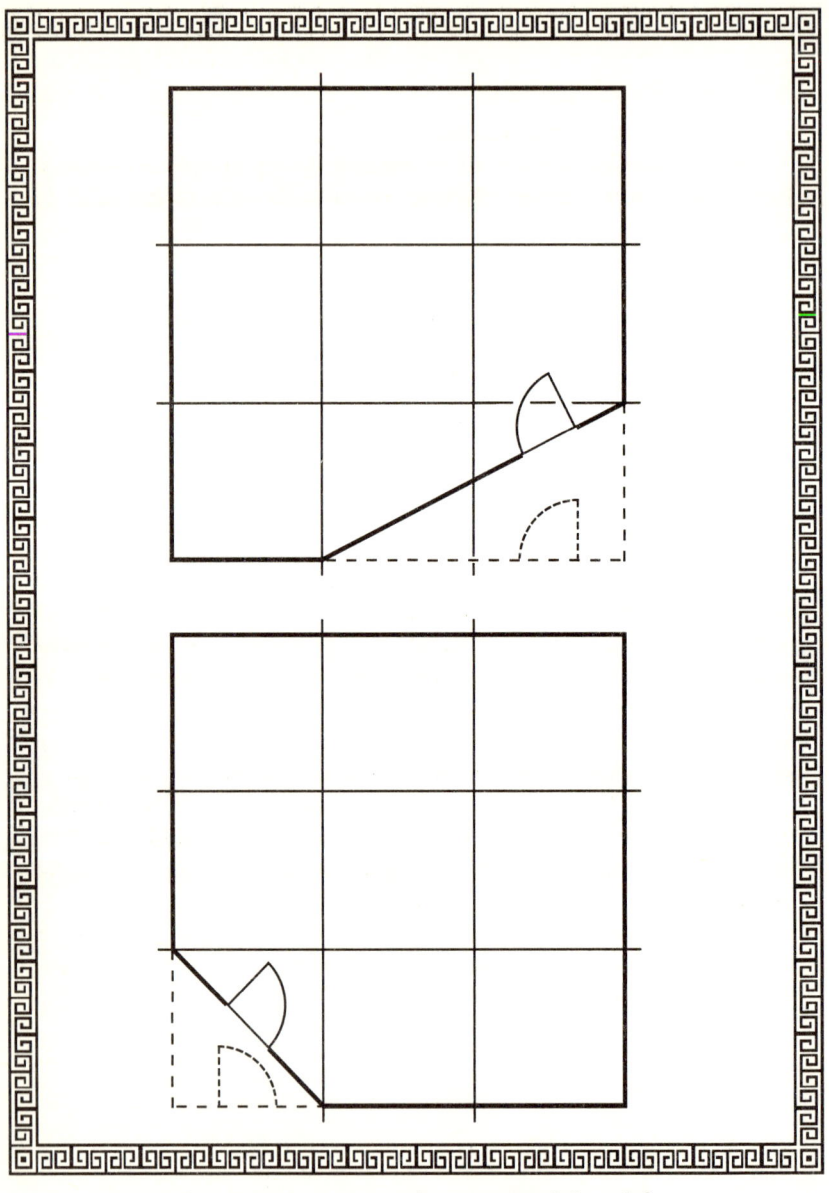

oben: Eingangstür mit Schräge im Winkel < 45°;
unten: Eingangstür mit Schräge im Winkel > 45°

- **Schräge Eingangsbereiche**

Als schwierig könnte sich die Einteilung des Ba Gua auf Grundrisse mit Eingängen in schrägen Wänden erweisen. Doch auch hier sind die Anwendungsregeln einfach:

Liegt der Winkel der Wand, in der sich die Eingangstür befindet, unter 45°, so wird diese Wand einfach in die Gerade geklappt. Ist die Schräge jedoch genau im Winkel von 45°, so ist ausschlaggebend, aus welcher Richtung man auf die Tür zugeht. Hier wird die Wand in die jeweilige Gerade geklappt, aus der der Zugang erfolgt.

Vergessen Sie bitte jedoch nicht, daß durch schräge Wände trotzdem Fehlbereiche entstehen.

- **Balkon und Terrasse**

Oft findet man Grundrisse vor, bei denen ein sogenannter Fehlbereich mit einem Balkon oder einer Terrasse belegt ist. Wir dürfen jedoch nicht den Fehler machen, diese Bereiche zum Hauptgebäude dazuzählen, denn Balkon und Terrasse liegen außerhalb der uns umgebenden vier Wände, also auch außerhalb unseres „Körpers".

- **Mehrere Stockwerke**

Sollten Sie in einem Haus wohnen, dessen Wohnfläche sich über mehrere Etagen erstreckt, so gilt hier, daß für jedes neue Stockwerk ein eigenes Ba Gua anzulegen ist. Ausgangspunkt ist hier die Blickrichtung, mit der Sie das jeweilige Stockwerk betreten. In der Regel ist die „Eingangstür" die letzte Stufe der Treppe.

Bei Mehrfamilienhäusern bleibt das öffentliche Treppenhaus in der Wohnungsanalyse unberücksichtigt. Das Ba Gau wird ab der Wohnungstür angelegt.

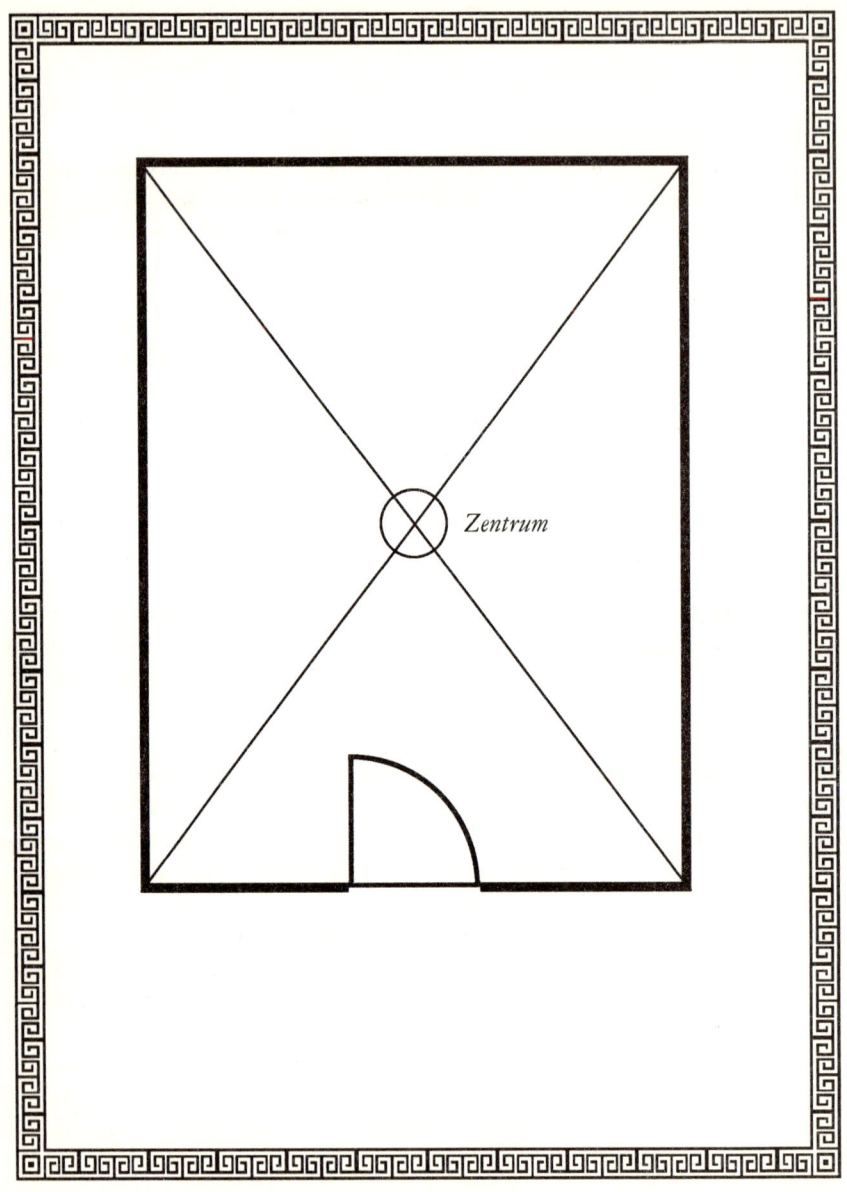

Zentrum

Ermittlung der Raummitte bei harmonischen Räumen

Das Zentrum

Das Zentrum symbolisiert die Mitte, das „Tai Chi", aus dem wir „schöpfen" und Kraft sammeln. Wenn Körper und Geist sich in der „Mitte" befinden, verfügen wir über die größte Kraft und Stärke. Yin und Yang befinden sich in Harmonie. So, wie unser Körper eine Mitte besitzt, besitzt auch jedes Haus, jede Wohnung oder jeder Raum sein Zentrum. Wie wir beim Ba Gua bereits gesehen haben, entsteht durch die Neuner-Teilung der Fläche ein mittlerer Bereich, den wir als „Tai Chi" oder Zentrum bezeichnet haben.

Auch das Haus oder der Raum „schöpft" seine Kraft aus dieser Mitte. Ist dieses Zentrum gestört, so fehlt es oft an Stabilität und Sicherheit.

Zunächst möchten wir aufzeigen, wie Sie das absolute Zentrum, den Mittelpunkt, bestimmen können. Wie Sie sicher noch aus Ihrer Schulzeit wissen, ist der Mittelpunkt gleichzeitig der Schwerpunkt einer Fläche.

Bei harmonischen Grundrissen, wie dies beim Rechteck oder Quadrat der Fall ist, ist die Bestimmung recht einfach. Zeichnen Sie die beiden Diagonalen ein und der Schnittpunkt beider Linien ist das Zentrum.

Bei L- oder U-förmigen Flächen verfahren Sie ähnlich, wobei Sie vorher diese Fläche als harmonische Form ergänzen. Bei unregelmäßigen Grundrissen wird es etwas schwieriger sein, den genauen Mittelpunkt zu bestimmen. Hier können wir uns aber einer einfachen Hilfe bedienen: Übertragen Sie den Grundriß von Ihrem Bauplan auf einen Karton. Nehmen Sie dann eine größere Nadel oder einen Nagel und balancieren Sie die Fläche aus. Befindet sich die Fläche in der Waage, zeigt die Spitze auf den Schwerpunkt – unser gesuchtes Zentrum.

Das Zentrum sollte frei und unbelastet sein, damit die Energie, das Chi, frei zirkulieren kann. Bei alten Gebäuden finden wir sehr häufig eine kunstvolle Betonung der Hausmitte, sei es durch ein rundes oder sternförmiges Bodenmosaik, eine kunstvoll bemalte Stuckstruktur an der Decke oder einen herrlichen Kristallüster. Befindet sich jedoch das Treppenhaus oder der Lift in der Gebäudemitte, so entstehen Unruhe und Zerrissenheit. Ist das Zentrum durch eine stärkere Mauer, einen

Ausgleich und Stabilisierung des Zentrums innerhalb einer Wohnung

Kamin oder Abstellraum blockiert, dann ist dies oft ein Hinweis auf Energiemangel und ein anstrengenderes Leben.

Zum Ausgleich können Sie als Ersatz in zwei Räumen (z.b. Wohnzimmer, Schlafzimmer) das Raumzentrum aktivieren. Entsprechende Möglichkeiten finden Sie bei den folgenden Symbolen aufgeführt.

Tritt ein,
bring Glück herein.

Spruchtafel für
den Eingangsbereich

Affirmation

Übersetzt bedeutet Affirmation (lat.) Bejahung, Versicherung, Bekräftigung.

Schon unsere Urahnen haben von ihrer Kraft und Auswirkung gewußt und dabei spielt es keine Rolle, welche Kultur ich betrachte oder wo ich nach ihnen suche. Auf Tafeln gemalt oder eingeschnitzt, aus Stein gehauen, über der Kirche oder der Tür angebracht, kunstvoll auf Bänder oder Kissen gestickt oder mit Kreide über der Eingangstür aufgemalt. Sie begleiten uns ganz selbstverständlich in unserem Alltag, als Segnung, als Erinnerung oder Schutz.

Welchen Spruch oder welche Affirmation verwendet wird, sollte individuell entschieden werden. Wichtig ist, daß jeder Spruch persönlich „beseelt" wird.

Anwendung:
- Als Schutz für die Eingangstür; im Arbeits- oder Kinderzimmer
- Als Motivationshilfe;
- Als Danksagung
und vieles mehr. Hier ist Kreativität erlaubt.

Ba Gua-Bereich:
- Jeder Bereich. Der Spruch oder die Affirmation sollte an einer Stelle angebracht werden, die immer wieder im Blickfeld liegt.

Affirmationsbeispiel:
Gott schütze dieses Haus und die da gehen ein und aus.

Die Symbole

Reichtum, Überfluß, Fruchtbarkeit

Aquarium

Ein Aquarium, mit seinen Fischen, seiner Pflanzenwelt und dem bewegten → *Wasser* stellt den Mikrokosmos des Meeres dar. Es beinhaltet die ganze Kraft und die Schöpfung der Natur, ihre Vielfältigkeit und Entwicklungsmöglichkeiten.

Setzt man Goldfische in sein Aquarium, so sollte darauf geachtet werden, daß es nur acht rote oder goldene und ein schwarzer Goldfisch sind. Der schwarze Goldfisch hat die Aufgabe, das Unglück der anderen acht Fische aufzunehmen und abzuleiten. Stirbt einer der Fische, sollte dieser sofort ersetzt werden, um das Gleichgewicht und vor allem den Wohlstand zu erhalten.

Das Aquarium ist ein klassisches Feng Shui-Hilfsmittel. In China werden vor allem Büros, Firmengebäude oder Restaurants mit einem Aquarium im entsprechenden Bereich ausgestattet.

Anwendung:
- Zur Steigerung und Belebung der Raumenergie
- Zur Entspannung und zum Ausgleich gestreßter Menschen
- Um das Wasser-Element eines Raumes oder eines Menschen zu stärken
- Um (inneren) Reichtum und Glück (Zufriedenheit) anzuziehen

Ba Gua-Bereich:
- Reichtum
- Karriere

Wichtig:
- Das Aquarium nicht neben WC oder Bad plazieren, und nicht in der Nähe eines Ofens oder Kamins!
- Das Aquarium muß regelmäßig gepflegt werden, damit das Wasser stets sauber, klar und frisch bleibt.

Affirmation:
Ich tauche ein ins Kollektiv und fühle mich geborgen.
Ich weiß, daß ich bekomme, was ich brauche.

Energiespender

Blumen

„Laßt Blumen sprechen!" – ein Ausspruch, der uns bewußt oder unbewußt beim Kauf von Schnittblumen oder Topfpflanzen immer wieder
begleitet. Eine Rose für die Liebe, das Vergißmeinnicht zur Erinnerung,
eine Nelke als Erkennungszeichen oder der Blumenstrauß für die unterschiedlichsten Anlässe sind Ausdruck einer weit zurückreichenden Tra-
dition. Sie haben ihre eigene Sprache, bedingt durch Farben und Formen und die jeweilige Jahreszeit, die sie vertreten. Stimmungen, die sie
wiedergeben, können wir bewußt in unsere Umgebung integrieren und
damit jeden beliebigen Platz beleben.

Auch auf einer anderen Ebene können wir uns mit der Energie der

Natur verbinden. So wurde die Blumensteckkunst „Ikebana" von den Japanern zum Ausdruck vollkommener Harmonie entwickelt, die den Menschen eingebunden zwischen Himmel und Erde darstellt. Wir können Blüten und Zweige, auch getrocknete Blumen, Fruchtstände und Früchte zauberhaft miteinander arrangieren und uns so mit dem Rhythmus der Natur von Leben und Sterben, Geburt und Tod, Aktivität und Ruhe verbinden.

Blumen und gesunde Topfpflanzen sind hervorragende Chi-Überträger, vor allem, wenn sie in voller Blüte stehen und gesund aussehen. Getrocknete Gestecke oder Arrangements sollten nicht für die Ewigkeit gestaltet sondern immer wieder erneuert werden und nicht verstauben.

Anwendung:
· Eine Vase mit Blumen ist eine bereichernde Tischdekoration für jede Gelegenheit
· Als Überbringer einer versteckten Botschaft
· Zur Aktivierung und Belebung des Chi-Flusses
· Als Symbol für Leben und Vergänglichkeit
· Blumenbilder, um z.B. Freude auszudrücken

Ba Gua-Bereich:
Sie sind für jeden Bereich geeignet, können jedoch gezielt nach der jeweiligen Aussage eingesetzt werden, z.B.:
· Wissen: Lilie (Reinheit und Weisheit)
· Partnerschaft: Rose (Liebe)
· Eltern bzw. Gesundheit: Bambus (langes Leben)
· Hilfreiche Freunde: Vergißmeinnicht (Treue)
· Ruhm: Sonnenblume (Ausstrahlung)

Affirmation:
Ich verbinde mich mit der jeweiligen Kraft und lebe im Einklang mit der Natur.

Schutz

Buchsbaum

In der Antike wurde er zusammen mit der ebenfalls immergrünen Zypresse und der Eibe oft als Schmuck auf Friedhöfen gepflanzt. Deshalb war er auch den Gottheiten der Unterwelt und der Muttergöttin Kybele zugeordnet. Sein Holz wurde gern zu Kästchen und zu Götterstandbildern (zur Verehrung des Apollon von Olympia) verarbeitet, in der Neuzeit für den Meisterhammer der Freimaurer und in China für die charakteristischen „Gürtelgewichte" (Gürtelschnallen), die bis zum Beginn des 20. Jahrhunderts benutzt wurden, verwendet.

Das ledrige Laub des Buchsbaums ist das ganze Jahr grün und wird deshalb im Alpenland als Symbol für Dauerhaftigkeit gern zusammen mit Palmkätzchen in Palmsonntagssträußen geweiht und das ganze Jahr über aufbewahrt. Da er sehr langsam wächst ist er auch ein Sinnbild für langes Leben.

Daneben pflanzen ihn Bauern oft links und rechts vor die Eingangstür und auch in ihren Bauerngarten, da er böse Geister fernhält. An Ostern und an Weihnachten wird er in die Kränze oder den „Lebensbaum" mit eingebunden und anschließend entsprechend mit bunten Eiern oder Kerzen geschmückt. Als Kugel oder Spitze zugeschnitten kann man den Buchsbaum oft in den großen Gärten der Schlösser finden.

Anwendung:
· Als Türwächter vor der Eingangstür, in Blumenkübeln gepflanzt (siehe Abb. links)
· Als Türkranz an Haus- oder Wohnungstür
· Als Girlande über der Haustür

Ba Gua-Bereich:
Je nach Zuschnitt (Form) der → *Pflanze* charakterisiert sie ein bestimmtes Element, welches im jeweiligen Bereich unterstützend wirkt
· Hilfreiche Freunde: Hochstamm mit Kugelschnitt
· Karriere: Wellige Wegbepflanzung

41

Kreativität und Intuition

Briefbeschwerer

Briefbeschwerer, vorwiegend kunstvolle und originelle Gebilde aus Glas mit Spiralen und Luftblasen, Blumen oder abstrakten Gebilden im Innern, fördern die Kreativität und Intuition bei der Arbeit. Sie sind als Feng Shui-Hilfsmittel für den Schreibtisch zu Hause oder im Büro besonders geeignet. Im Kinderzimmer, im → *Ba Gua*-Bereich „Kinder" fördert dieses Symbol Entwicklung, Wachstum und Lebensfreude.

Anwendung:
· Schreibtisch: Förderung der Kreativität und Intuition
· Kinderzimmer: Unterstützung der Entwicklung

Ba Gua-Bereich:
· Kinder: Schreibtisch und Kinderzimmer

Wichtig:
Bevor der Bereich „Kinder" aktiviert wird, sollte er unbedingt aufgeräumt und ordentlich sein.

Affirmation:
Neue Vorstellungen, Gedanken und Ideen heiße ich willkommen.

Delphin

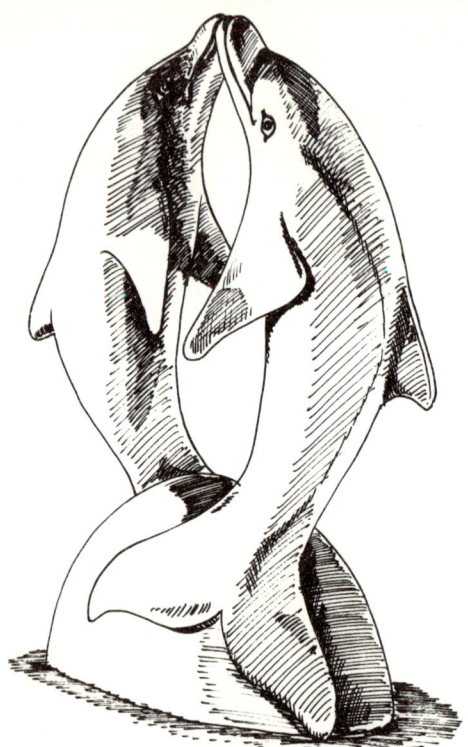

Weisheit, Frieden, Harmonie und Selbstverantwortung

Der Delphin ist ein äusserst kluges und dem Menschen zugetanes Meeressäugetier, das im Mittelmeerraum schon früh Aufmerksamkeit erregte. Es gibt viele Geschichten, die uns von der wundersamen Rettung eines Menschen durch einen Delphin erzählen. Einer Sage nach nahm Apollon die Gestalt eines Delphins an, um Kreter nach Delphi zu tragen, wo sie ihm einen Tempel bauten. Der Delphin war ebenfalls dem Meeresgott Poseidon zugeordnet, und soll die Ehe zwischen dem Seegott und seiner Gemahlin Amphitrite gestiftet haben. Die aus dem Meer geborene Aphrodite (Venus) wird ebenfalls häufig mit Delphinen dargestellt. In der Grabkunst der Etrusker tragen Delphine häufig die Seelen der Toten zu den „Inseln der Seligen".

Verfolgen wir die Göttersagen noch weiter, so tritt zutage, daß der Delphin, ein Wesen der Meere, das als Säugetier weder Fisch noch Mensch ist, als Vermittler zwischen Himmel und Erde erscheint. Er ist auch eine Mahnung an den Menschen, die Erde und die Natur mit allen Lebewesen zu achten, die Schätze, die er zur Verfügung hat, weise einzusetzen und zum Nutzen aller zu verwenden. In einigen afrikanischen Kulturen werden Delphine dem Menschen gleichgestellt und haben die gleichen Rechte.

Delphine genießen ihr Leben, sind fröhlich, verspielt und außerordentlich soziale Wesen. Diese absoluten Familientiere lernen früh, sich der Gemeinschaft anzupassen, bleiben jedoch immer eigenständige Individuen. Sie helfen einander: So hat ein Tier, wenn es z.b. krank wird, ständig andere Tiere um sich herum, die sich liebevoll um es kümmern.

Seiner vielen Vorzüge wegen ist der Delphin ein sehr beliebtes Motiv geworden, das in den verschiedensten Ausführungen erworben werden kann: Figuren aus Holz geschnitzt in den unterschiedlichsten Größen und Darstellungen, z.b. einzeln, als Mutter mit Kind oder in Form zweier gleichgroßer Delphine. Ferner werden sie aus Stein, aus Halbedelstein oder Metall angeboten, für den Garten, als Amulett, für den Zimmerbrunnen, fotografiert als Poster und noch vieles mehr.

Ungeachtet der Darstellung verbinden wir den Delphin symbolisch immer mit Weisheit, Frieden, Harmonie und Selbstverantwortung, außerdem mit Fürsorglichkeit und universeller Liebe.

Anwendung:
· Als Skulptur und Blickfang auf dem Schreibtisch, um Mobbing vorzubeugen
· Als gerahmtes Poster im Kinderzimmer oder Büro, um eine friedliche Atmosphäre zu vermitteln

Ba Gua-Bereich:
· Hilfreiche Freunde (Delphingruppe)
· Kinder (spielende Delphine)
· Partner (Delphinpaar, siehe Abb. links)
· Eltern (Einzeldelphin oder Mutter mit Kind)

Affirmation:
In jedem neuen Tag liegt Freude.
Ich fühle mich ausgeglichen und frei.

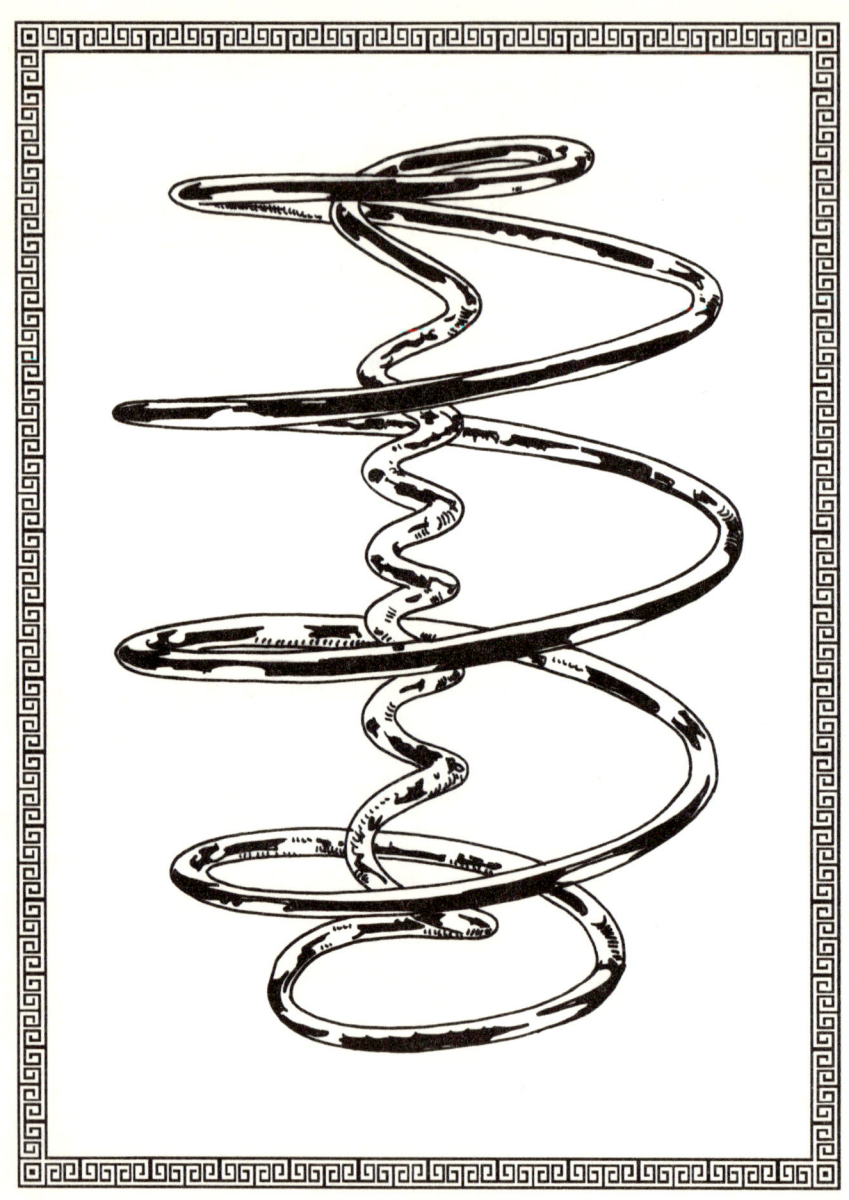

Belebung und Aktivierung

DNS-Doppelspirale

Die DNS-Doppelspirale, auch Doppelhelix genannt, ist ein neueres westliches Feng Shui-Hilfsmittel. Durch die gegenläufige Drehrichtung der äußeren und inneren Spirale werden die universell gegensätzlichen Pole Yin und Yang harmonisch miteinander verbunden. Dabei entsteht ein senkrechter Strahl, der die Kräfte der Erde (Yin) und des Himmels (Yang) vereint. Um die im Raum hängende DNS-Doppelspirale entsteht dadurch ein pulsierendes Energiefeld, das die Raumenergie harmonisiert und gleichzeitig steigert.

Beim Menschen, vor allem aber bei Kindern, löst eine drehende DNS-Doppelspirale verwundernde Faszination aus. Dies mag durchaus daran liegen, daß der Grundbaustein des menschlichen Körpers – die DNS (Desoxyribonukleinsäure) – ebenfalls in Form einer Doppelspirale aufgebaut ist.

Entsprechend der Drehrichtung der äußeren Spirale wird die DNS-Doppelspirale als Yin-Spirale (linksdrehend) und als Yang-Spirale (rechtsdrehend) bezeichnet. Mit einer Yin-Spirale kann die Yin-Kraft und mit einer Yang-Spirale die Yang-Kraft eines Raumes, eines → *Ba Gua*-Bereiches oder einer Person gestärkt werden.

Durch die entsprechende Farbauswahl (siehe → *Farben*) der DNS-Doppelspirale kann das jeweilige → *Element* unterstützt und gezielter im entsprechenden Ba Gua-Bereich aktiviert werden.

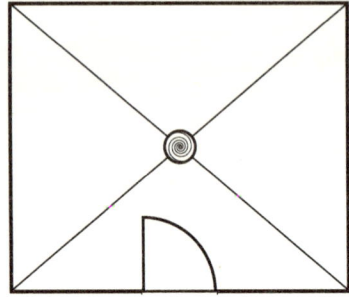

Anwendung:
- Zur Stabilisierung und Energetisierung der Raum- oder Wohnungsmitte bzw. Gebäudemitte (Zentrum; siehe Abb. oben)
- Zur Belebung und Aktivierung von unbelebten Bereichen oder Räumen, wie Abstellräumen, begehbaren Schränken, Bädern/WCs
- Um den Austausch von Yin und Yang innerhalb eines Raumes zu verbessern
- Verbindung zweier getrennt liegender Wohnungsteile mittels zweier DNS-Doppelspiralen (Yin und Yang; siehe Abb. unten)
- Stärkung der persönlichen Ausrichtung

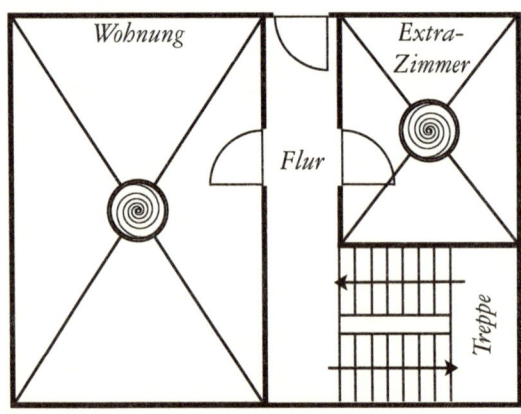

Ba Gua-Bereich:
Alle Bereiche: durch ihren Einsatz wird der bestimmte Lebensbereich gezielt verstärkt

Wichtig:
· Eine DNS-Doppelspirale sollte nicht genau über dem Sitz- oder Schlafplatz aufgehängt werden
· Achten Sie darauf, daß die Drehung der DNS-Doppelspirale in sich ruhig und harmonisch fließt.

Affirmation:
Ich verbinde mich mit dem Himmel und der Erde und schöpfe meine Kraft aus dieser pulsierenden Energie

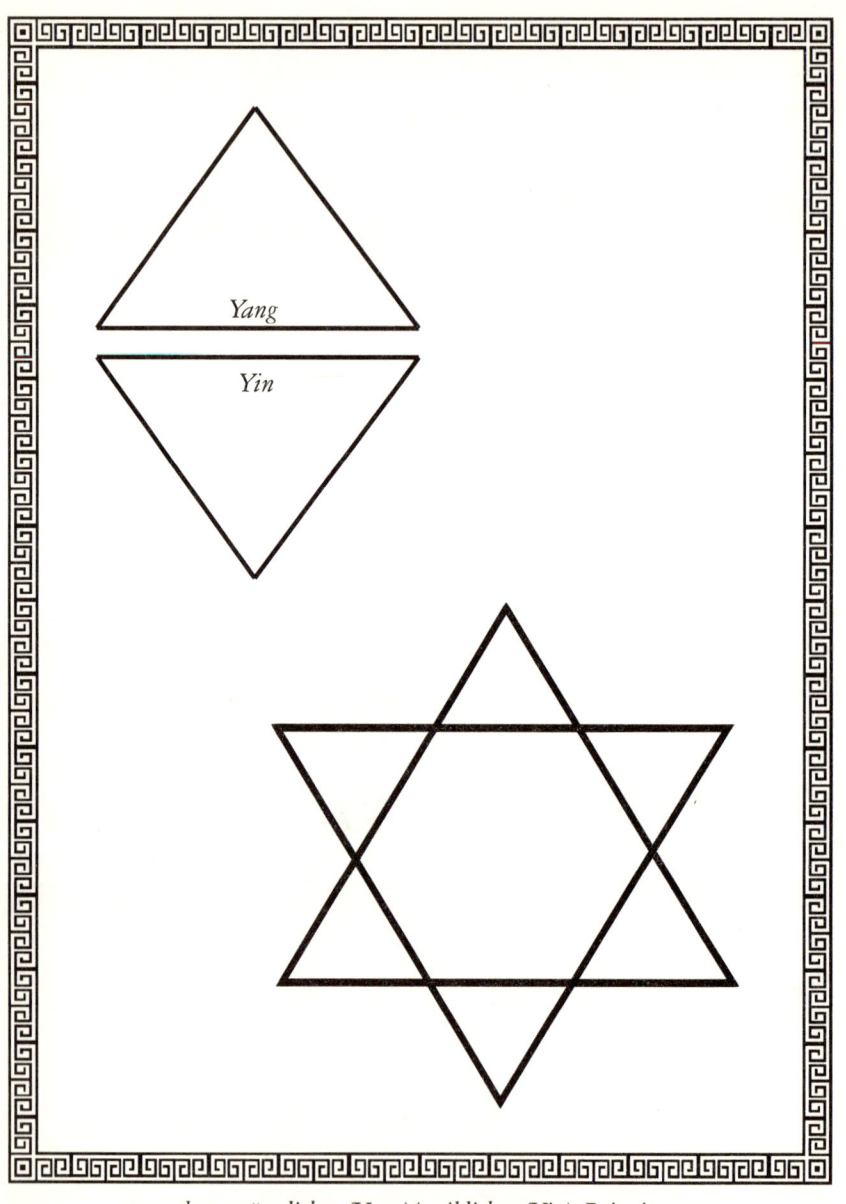

oben: männliches (Yang)/weibliches (Yin) Prinzip;
unten: Davidstern/Siegel Salomons (Harmonie und Ausgleich)

Dreieck

Das Dreieck ist mit der → *Zahl* Drei eng verbunden. So ist es im Christentum das Sinnbild der Dreifaltigkeit (Vater, Sohn und Heiliger Geist). Als „Auge Gottes" wurde es vielfach in barocken Kirchen verwendet. Die mittelalterlichen Kirchen mit ihren dreieckigen Kirchturmspitzen stellen somit die Verbindung zwischen Himmel und Erde dar.

Als okkultes Symbol wurde es bei Pyramiden und Obelisken eingesetzt. Bei den Pythagoräern galt das Dreieck als formbildendes Prinzip des Weltalls. Später in der Antike spielte es in der Magie, z.B. für Amulette, eine wichtige Rolle. So kennen wir eine Verdoppelung des Dreieckzeichens als Davidstern und Freimaurerzeichen.

Je nach der Richtung, in welche die Spitze zeigt, ergibt sich eine unterschiedliche Deutung:

· Spitze nach oben: Geist, göttliches Feuer, männlich

· Spitze nach unten: Materie, Wasser, weiblich

Diese Symbolik finden wir zum Teil als Dekorformen auf Keramiken. Dreiecke mit der Spitze nach unten werden als Wassersymbole (Richtung des fallenden Tropfens) bezeichnet, Dreiecke mit der Spitze nach oben als Feuersymbole (Richtung der Flamme).

Im Feng Shui gilt das Dreieck als ungünstige Form, da es einerseits als unregelmäßig und unvollständig gilt und andererseits über die Spitzen „tödliche Pfeile" aussendet. Es wird dem Element Feuer zugeordnet, wie auch alle anderen spitzen Formen. Als Grundrißform für Wohnungen oder Häuser sollte auf das Dreieck verzichtet werden.

Können konstruktionsbedingt Dreiecksformen nicht umgangen werden, so sollten die Spitzen immer nach oben zeigen – in die Richtung des lebensbejahenden Yang-Prinzips.

Anwendung:

· Als formgebendes Motiv in Bildern oder Wanddekorationen, um den Feuer- bzw. Yang-Charakter zu unterstreichen.

Wohlbefinden

Düfte

Nicht nur als Arzneimittel, Therapeutikum oder Parfüm werden Düfte schon seit Menschheitsgedenken eingesetzt, sondern auch zur Beduftung von Räumen. Die „Luftqualität" beeinflußt unser Befinden, unsere Stimmung und unseren Energiehaushalt, ohne daß wir uns dessen immer bewußt sind.

Besteht z.b. „dicke" Luft, so trübt es unser Wohlbefinden und wir bekommen „schlechte" Laune. Frische, „saubere" Luft und Wohlgeruch hingegen regen unsere Lebensgeister an und lassen uns auf- und durchatmen.

Düfte wirken anregend, erfrischend, beruhigend oder klärend – je nachdem, welche Wirkung wir erzielen möchten. Gegen oder für alles ist ein Kraut gewachsen.

Es gibt eine Vielzahl von Möglichkeiten über die Düfte die Raumqualität zu verbessern und zu beleben (z.b. mit einer Duftlampe wie auf Abb. links). Bei der Auswahl der Düfte ist darauf zu achten, daß diese von reiner und bester Qualität sind und auf unsere Nase wohltuend wirken.

Da die Öle überwiegend durch die Duftlampe fein verdampft werden, wird Anwendung und Symbolik der Düfte dem → *Element* Feuer zugeordnet.

Anwendung:
· Duftlampe zur Verdunstung von ätherischen Ölen und Duftmischungen
· Raumsprays aus reinen ätherischen Ölen für die schnelle Reinigung und Erfrischung
· Als wohltuender Badezusatz zur Entspannung und Erholung

Ba Gua-Bereich:
· Ruhm: frische und fröhliche Duftnoten
· Partnerschaft: weiche und warme Duftnoten
· Wissen: konzentrationsfördernde Düfte

Edelsteine/Mineralien

Edelsteine, entstanden durch Kristallisationsprozesse, Erosion, Oxydation und Umwandlungsprozesse, besitzen durch ihren kristallinen Aufbau, ihre Mineralstoffe und die dadurch entstandenen Farben spezifische Wirkungen und Strahlungen. Ihr harmonisches System trägt Informationen, die sie an uns und unsere Umwelt weitergeben, sie kommunizieren mit uns auf der materiellen und auf der feinstofflichen Ebene.

Damit ein Austausch geschehen kann, ist es wichtig, daß der Stein eine genügende Reichweite hat und an einem Platz aufgestellt wird, von dem aus er gut zu sehen und wahrzunehmen ist.

Rohsteine, Drusen, Geoden und Gruppen zeigen uns den ursprünglichen Charakter des jeweiligen Minerals und geben am deutlichsten seine Eigenschaften wieder. Außerdem sind sie auch durch ihre Größe am Besten geeignet zur Beeinflussung und Veränderung des Raumklimas.

Naturgewachsene Kristalle bringen die Energie von der Basis zur Spitze und können gezielt zur Verteilung von Chi eingesetzt werden.

Um nun unser Wohlbefinden zu steigern, ungünstige Einflüsse zu verändern oder Chi zu verteilen, gibt es verschiedene Möglichkeiten und eine Vielzahl von Edelsteinen, die eingesetzt werden können. Hier möchten wir die wichtigsten aufzählen.

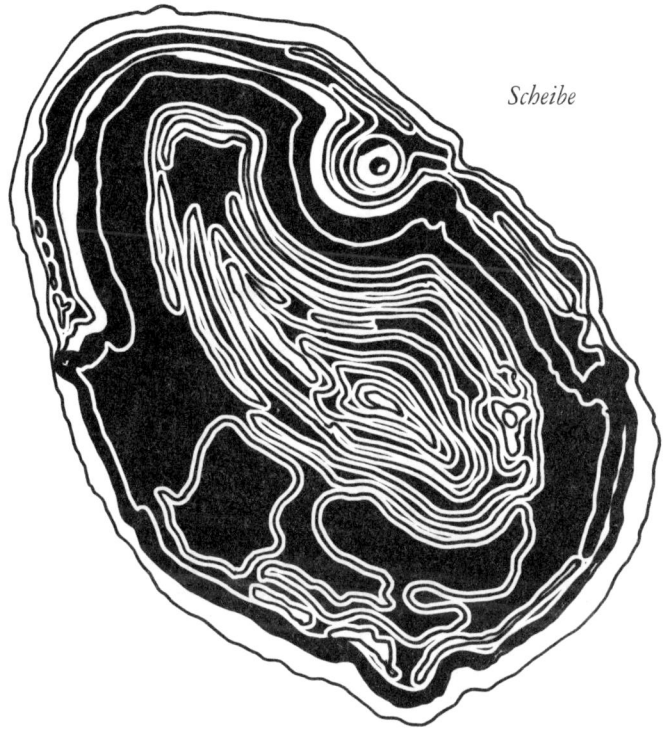

Scheibe

Achat

Gilt als Schutzstein und vermittelt Geborgenheit und Sicherheit, indem er gegen Einwirkungen von außen stabiler macht.

· *Geode*: Sichtbar im Wohn- oder Schlafbereich aufgestellt
· *Scheibe*: Im Fenster aufgehängt oder aufgestellt, um gegen ungünstige äußere Einflüsse zu schützen; auf die WC- oder Toilettentür aufgebracht, um den übermäßigen Energieabfluß zu bremsen

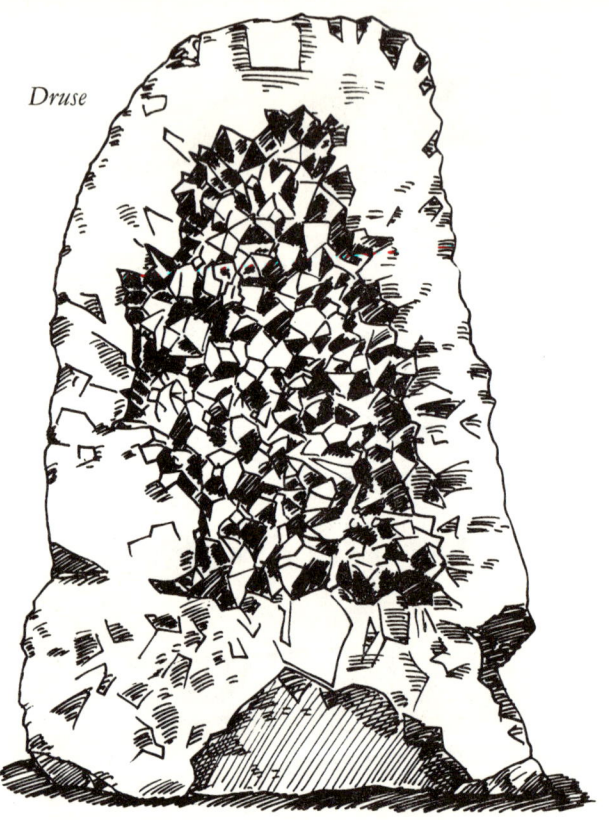

Druse

Amethyst

Hat eine klärende und ernüchternde Wirkung. Stärkt das Urteilsver-
mögen und bringt Aufrichtigkeit und Ehrlichkeit zutage.
· *Druse*: Sichtbar und in der entsprechenden Größe zum Raum überall
   zum Aufstellen geeignet; reinigt das feinstoffliche Raumklima
· *Gruppe*: Zur Unterstützung der Meditation

Gruppe

Bergkristall

Vermittelt Neutralität und Klarheit, stärkt den eigenen Standpunkt und verstärkt außerdem die Wirkung anderer Steine.

· *Kristall oder Gruppe*: Um in einem Raum, einer Wohnung oder einem Haus Klärung zu vermitteln; als Entscheidungshilfe auf dem Schreibtisch

· *Kristallspitze*: Im Raummittelpunkt, um den Raum zu zentrieren; im Fenster, um den Energiefluß zu lenken

Fluorit

Regt den Selbstbestimmungsaspekt in uns an und macht uns kompro-
mißlos bei Unrecht und Unterdrückung. Regt außerdem den Ord-
nungssinn an und gilt als Lernhilfe.
· *Gruppe oder Einzelstein*: Dekorativ auf dem Schreibtisch zur Unterstützung der Lerntätigkeit

Rauchquarz

Hilft, die eigene Belastbarkeit zu erhöhen, und fördert die Konzentration
· *Gruppe oder Einzelstein*: Als Briefbeschwerer auf dem Schreibtisch

Rohstein

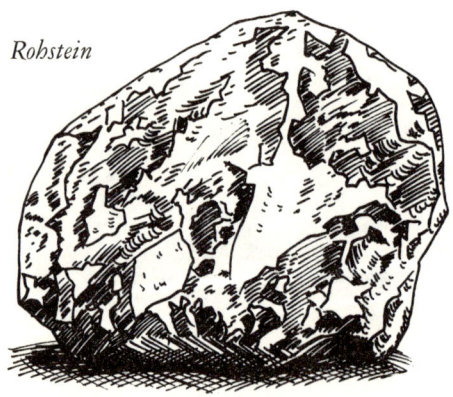

Rosenquarz

Fördert Aufgeschlossenheit und Hilfsbereitschaft, sich selbst (Selbstliebe)
und anderen gegenüber und stärkt das Einfühlungsvermögen.
· *Rohstein*: Als Dekoration auf dem Nachttisch neben dem Bett; auf
dem Eß- oder Wohnzimmertisch, um das Gemeinschaftsgefüge zu stärken

Ba Gua-Bereich:

Die Steine können gezielt für alle Bereiche eingesetzt werden, je nach eigenem Wissen und welche Wirkung erzielt werden soll. Dazu sind der eigenen Kreativität und Sensibilität keine Grenzen gesetzt.

Wichtig:

Es sollte bei der Verwendung von Kristallspitzen oder Kristallgruppen darauf geachtet werden, daß diese nicht auf Personen (Bett, Sitzplatz) gerichtet sind, um unerwünschten Nebeneffekten entgegenzuwirken

Reinigung:

Kristall-Gruppen, Drusen und Geoden besitzen ein in sich abgeschlossenes System und können sich selbst reinigen, deshalb sind auch Amethystdrusen bestens geeignet, andere Steine zu reinigen, indem sie hineingelegt werden. Es ist lediglich notwendig, den Staub mit einem feinen Pinsel zu entfernen.

Fruchtbarkeit und Wachstum

Ei

Die Entstehung der Welt aus einem Ur-Ei finden wir in zahlreichen Ursprungsmythen. Viele Helden sollen aus Eiern geschlüpft sein, etwa die Zwillinge aus den altgriechischen Götter- und Heldensagen Kastor und Pollux. Das Ei war das Ergebnis der Vereinigung Ledas mit Zeus, der die Gestalt eines Schwans angenommen hatte, um sich ihr zu nähern. Oder in Südkorea, wonach einst ein Mensch ein Ei fand, das einen Säugling barg, der dann zum Führer aller Stämme wurde.

Bei heidnischen Frühlingsfesten galt das Ei als Sinnbild der wieder zum Leben erwachten Tier- und Pflanzenwelt und im christlichen Bereich wird das Ei zum Auferstehungssymbol, da Christus, der am Ostermorgen aus dem Grab auferstand, mit einem Küken verglichen wird, das aus der Schale schlüpft. Deshalb gibt es an Ostern die „Ostereier". Außerdem ist es ein Symbol der Fruchtbarkeit.

Anwendung:
· Als dekoratives Geschenk zur Hochzeit und zum Neujahrsfest
· Als Symbol für Fruchtbarkeit und Kinderwunsch
· Als außergewöhnlicher Briefbeschwerer aus handbemaltem Porzellan, um Wachstum und Entwicklung zu fördern.

Ba Gua-Bereich:
· Kinder

Affirmation:
Ich verbinde mich mit der Urkraft des Universums, um Neues aus mir entstehen zu lassen.

Reinheit, Kraft und Mut

Einhorn

Unser Einhorn – mit weißem Fell, von eselähnlicher Gestalt und mit einem heilkräftigen Horn ausgestattet – wurde wegen seiner Kraft, seines Mutes und seiner Geschwindigkeit als göttliches Wesen betrachtet. Sein Horn, eine strahlende Wunderwaffe auf der Stirn, machte es unbesiegbar, und es konnte nur durch List eingefangen werden: Dazu benötigte man eine Jungfrau, die man in das Gebiet des Einhorns spazieren schickte. Sobald es ihrer gewahr wurde, legte sich das Einhorn friedlich an ihrer Seite nieder, und, seinen Kopf in ihren Schoß gebettet, schlief friedlich ein – nun konnte es leicht überwältigt werden.

So wurde das Einhorn zum Symbol der Reinheit, und die Abbildung des Erzengels Gabriel auf Einhornjagd – wie auf vielen Teppichen und Miniaturen zu sehen – zum Sinnbild der unbefleckten Empfängnis des Christuskindes durch Maria. Als Figur stellt es auch Christus selbst dar, den Reinsten der Reinen.

Wegen seines Hornes wird es weiterhin zum Sinnbild der königlichen Rechtsprechung, da es die Schuldigen mit seinem Horn vernichtete.

Anwendung:
Als Porzellanfigur oder Bild, um sich seine Eigenschaften zu vergegenwärtigen

Ba Gua-Bereich:
· Hilfreiche Freunde
· Wissen
· Kinder

63

Unterstützung

Elementarwesen

Aus unseren Kindertagen sind sie uns noch vertraut, zum Leben erweckt in den spannenden Geschichten, Märchen oder Sagen: die Riesen, Elfen, Zwerge und Feen, die „Natur- oder Elementarwesen". Sie sind die unsichtbaren Helfer und Versorger unserer Natur.

Empfindsame Menschen können auch heute noch mit diesen Wesen der Natur kommunizieren, jeder auf seine eigene Art. Da die Bereitschaft zu solcherlei Wahrnehmung steigt, treten auch immer mehr Bestätigungen auf, daß wir mit diesen Wesen zusammenarbeiten können. Dabei spielt es keine Rolle, ob wir sie sehen, fühlen, hören können oder nur ahnen, daß sie uns umgeben.

Sie können uns im Garten, auf der Terrasse und dem Balkon dabei helfen, daß die Energien für Pflanzen und Bäume, Teich und Blumen genügend und wachstumsfördernd vorhanden sind.

Wir sollten ernsthaft und mit Achtung mit diesem Wissen umgehen und, wenn nötig um Hilfe bitten, dann wird uns geholfen!

Anwendung:
Zur Unterstützung können Figuren, wie Elfen oder Feen aus Gießkeramik, Ton oder Metall, bemalt oder roh aufgestellt werden. Entweder an geeignetem Platz im Garten oder zu den Blumen im Haus.

Ba Gua-Bereich:
· Hilfreiche Freunde
· Kinder (Kreativität)

Affirmation:
Ich bitte die Kraft der Natur und ihre Lebewesen um Unterstützung.

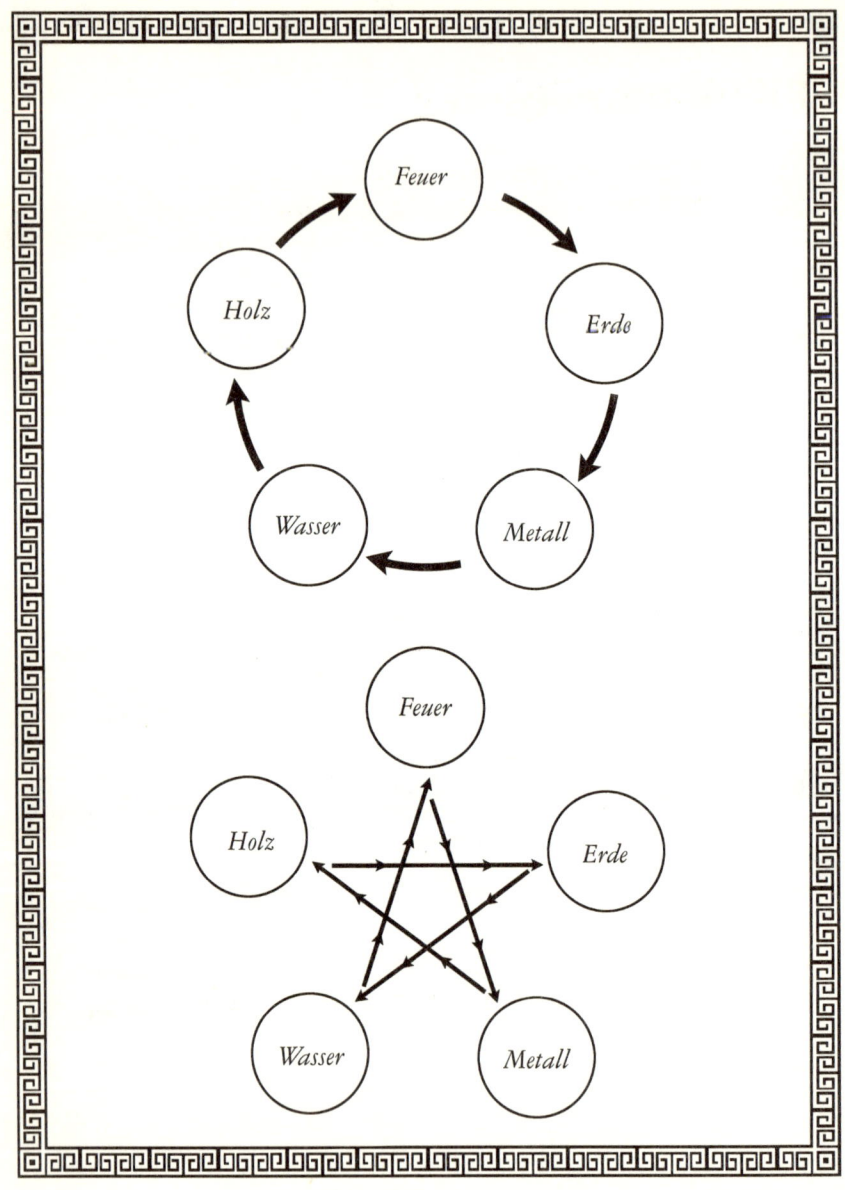

oben: Schöpfungszyklus; unten: Kontrollzyklus

Elemente, die fünf

Die fünf Elemente, sinngemäß richtig übersetzt mit „Wandlungs-phasen", verkörpern alles, was in der Natur existiert: Formen, Farben, Materialien, Jahres- und Tageszeiten, Himmelsrichtungen und Natur-erscheinungen oder von Menschenhand erschaffene Gebäude.

Zusammen bilden die 5 Elemente ein Ganzes – die Einheit – das Tai Chi. Jedes einzelne Element zeigt daher eine Eigenschaft in der Natur, die wir ständig beobachten können. Im Einzelnen sind dies:

Holz:	wachsend, verwurzelt, elastisch, aufstrebend
Feuer:	aufsteigend, bewegend, heiß
Erde:	fruchtbar, bodenverhaftet, ergiebig
Metall:	hart, schneidend, starr, zusammenziehend
Wasser:	fließend, kühl, absteigend, nachgiebig

Die speziellen Kräfte der 5 Elemente lassen sich besonders an folgen-dem Textbeispiel verdeutlichen: „Die Natur des Wassers ist es, zu be-feuchten und nach unten zu fließen; die des Holzes, gebogen und gera-de gerichtet zu werden; die des Feuers, zu lodern und nach oben zu schlagen; die des Metalls, gehorsam zu sein und geformt zu werden".

Dabei stehen die einzelnen Elemente nicht isoliert zueinander, son-dern sind in ständiger Verbindung, sei es im Schöpfungszyklus zur Un-terstützung oder im Kontrollzyklus zur Kontrolle. Im Einzelnen stellt sich dies wie folgt dar:

Schöpfungszyklus:
Wasser ernährt das Holz – Holz läßt das Feuer brennen – das Feuer nährt mit seiner Asche die Erde – die Erde bringt Metall hervor – flüssiges Metall fließt wie Wasser.

Kontrollzyklus:
Wasser löscht das Feuer – Feuer schmilzt das Metall – Metall spaltet Holz – Holz laugt die Erde aus – die Erde verschmutzt das Wasser.

Jedem Element werden verschiedene Merkmale oder Qualitäten zugeschrieben:

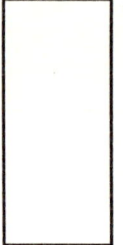

Holz
· hohe, zylindrische und aufstrebende Formen
· grün
· Holz
· Frühling/Morgen
· Osten
· Masten, Türme, Säulen, Fahnenstangen
· Schöpfung, Wachstum, Kreativität

Feuer
· Dreiecksformen, Spitzen, scharfe Kanten
· rot, violett, magenta, lila
· Leder, Kunststoff
· Sommer/Mittag
· Süden
· spitze Dächer, Pyramiden,
  pfeilartige Skulpturen
· Ausdehnung, Intellekt, Inspiration

Erde
· flache und ebene Formen
· braun, beige, gelb, orange, ocker
· Ziegel, Ton
· Spätsommer/Spätnachmittag
· Mitte
· Flachdächer, Bungalows, Terracotta-Gefäße
· Stabilität, Sicherheit, Geborgenheit

Metall
· runde und kuppelartige Formen
· weiß, grau, silber
· Metall
· Herbst/Abend
· Westen
· gerundete Arkaden, Bögen, Kuppeln
· Konzentration, Denken, Genauigkeit, Klarheit

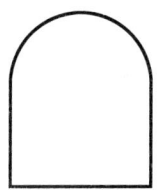

Wasser
· unregelmäßige und wellige Formen
· blau, schwarz
· Glas
· Winter/Nacht
· Norden
· unregelmäßig geformte Gebäude oder Gebäude mit viel Glasanteil
· Kommunikation, Flexibilität, Geselligkeit

Anhand dieser Kennzeichen ist es möglich, die Umgebung oder die einzelnen Räumlichkeiten und deren Energien zu erfassen, um zu erkennen, welche Auswirkungen diese auf den Menschen haben. Zudem besteht dann die Möglichkeit, gezielt in der Gestaltung tätig zu werden, um die natürliche Ganzheit zu erhalten oder wiederherzustellen.

Im Feng Shui sind die 5 Elemente von enormer Wichtigkeit, denn damit können Räumlichkeiten wirksam und nach den individuellen Wünschen und Erfordernissen in Farbe, Form und Design gestaltet werden. So sollte z.B. das Schlafzimmer mit ruhigen Farben und Formen ausgestattet sein, hingegen der Wohn- und Eßbereich fröhlich und lebendig erscheinen.

Die Kunst im Feng Shui ist es, die jeweils richtige Kombination der 5 Elemente oder Teile aus dem Zyklus für die bestimmte Situation zu erreichen. Dabei besteht auch die Möglichkeit, ein Übergewicht eines Elements über den Kontrollzyklus mit allen anderen in Harmonie zu bringen. *Günstige Kombinationen* sind:
   • Holz/Feuer/Erde • Metall/Wasser/Holz • Feuer/Erde/Metall

Engel

Im Alten Testament erschien der Engel als vorübergehende Verkörperung des göttlichen Offenbarungswillens. Erst später formte das Judentum unter persischem Einfluß die Lehre von den „himmlischen Heerscharen" und dem „Hofstaat Gottes". Die Geburtsstunde des Islam war die Überbringung der Botschaft Allahs, des Korans, durch den Erzengel Gabriel an den arabischen Propheten Mohammed (570-632).

In der Priscilla-Katakombe in Rom ist das früheste christliche Bild eines Engels auf einer Verkündigungsszene (1. Hälfte des 2. Jh.) erhalten. Erst gegen Ende des 4. Jh. wurden Engel mit Flügeln versehen, dann im 9. Jh. und 10. Jh. hatten sie wieder keine, sondern wurden als Jünglinge oder Männer dargestellt von hoher Gestalt, besonderer Würde und in leuchtend weißen Gewändern – Aus-

Reinheit, Geistigkeit,
Bescheidenheit, Gelassenheit
und die Kraft der Stille

druck vollkommener Reinheit. Auch die ihnen zugeordneten Attribute änderten sich immer wieder: Die → *Lilie* bei der Verkündigung an Maria als Sinnbild der jungfräulichen Reinheit, Palmzweige als Siegeszeichen, Musikinstrumente und Rauchfässer zum Lob Gottes, Posaunen zur Einleitung des Endgerichtes, Leidenswerkzeuge zum Hinweis auf den Leidensweg Christi.

In der Vorstellung der Engelhierarchie finden wir neun Engelchöre (Drei mal die göttliche → *Zahl* Drei): Throne, Cherubim, Seraphim; Herrschaften, Fürstentümer, Gewalten; Erzengel, Engel, Tugenden. Die Cherubim sind besondere Verkörperungen der Allmacht, nämlich Hüter des versperrten Paradieses und Wächter der Bundeslade. Das Amt der Anbetung und

70

des Throndienstes versehen vor allem die Seraphim. Die Fürsten unter den Engeln sind die Erzengel, sie haben Namen und bestimmte Funktionen. Den obersten Rang nimmt dabei Michael ein, Krieger und Überwinder des Teufels. Viele Kunstwerke geben Zeugnis von einer breiten Michaelsverehrung. Raphael ist vor allem Schützer und Begleiter guter und leidender Menschen. Der Engel der Verkündigung ist Gabriel und der zur Ergänzung der Vierzahl ist Uriel, der am Grab Christi erschien. Bilder der Engelhierarchie finden wir vor allem in der byzantinischen Kunst und deren Nachwirkungsbereich in Italien.

Philosophen beschreiben das Verhältnis des Menschen zum Engel, z.B. Thomas von Aquin (1225-1274): „Den Menschen wird nicht weniger versprochen, als die Gleichheit mit den Engeln" und „der Mensch wird also in dem Maße dem Engel gleich, indem er ihn erkennen lernt", „der von den irdischen Existenzbedingungen befreite Menschengeist erkennt im Engel gleichsam sich selbst in seinem Idealzustand".

Die unzähligen Meinungen und Veröffentlichungen zu den himmlischen Geschöpfen und ihre vielgestaltigen Abbildungen zeigen uns deutlich, welch großen Platz dieses Thema in unserem irdischen Dasein einnimmt und wie sehr sie unsere großen Denker und Künstler aller Epochen beschäftigen. Letztendlich verbindet uns der Engel mit der göttlichen Energie und weist uns still darauf hin, was tief in jedem Menschen schlummert und was bewußtwerden soll: Reinheit, Geistigkeit, Bescheidenheit, Gelassenheit und die Kraft der Stille.

Anwendung:
Durch Skulpturen oder Abbildungen können wir um Schutz und Führung der „himmlischen Wesen" bitten

Ba Gua-Bereich:
Hilfreiche Freunde

Affirmation:
Ich baue auf die göttliche Weisheit und Führung, die mich jederzeit schützt und fühle mich in Sicherheit.

Wissen

Eule

Der Symbolgehalt der Eule ist zwiespältig. Da der einfache Mensch früherer Zeiten in der Dunkelheit eine Gefahr sah, Unsicherheit verspürte und damit das Böse verband, wurde der Vogel der Nacht – ungesellig, mit klagender Stimme und lautlosem Flug – einerseits mit negativen Eigenschaften besetzt. Die Eule galt als unberechenbar und wurde als die Vorbotin des Todes betrachtet.

Andererseits machten ihre ruhige Ausstrahlung, ihre großen Augen mit dem nachdenklichen und in sich gekehrten Blick und die Fähigkeit, bei Nacht zu sehen, sie zum Symboltier der Göttin Pallas Athene, der Göttin der Weisheit und der Wissenschaften. Das ist wohl mit ein Grund, weshalb viele Buchhandlungen und Verlage die Eule – Symbol für die das Dunkel durchschauende Gelehrsamkeit und des Wissens – in ihrem Firmenzeichen verwenden.

Anwendung:
· Als Skulptur aus Holz, Stein oder Porzellan
· Als Linolschnitt nach eigener Gestaltung

Ba Gua-Bereich:
· Wissen
· Eltern

Affirmation:
Ich vertraue darauf, daß ich mein Wissen zur Verfügung habe, wenn ich es benötige und daß ich es mit Weisheit einsetzen kann.

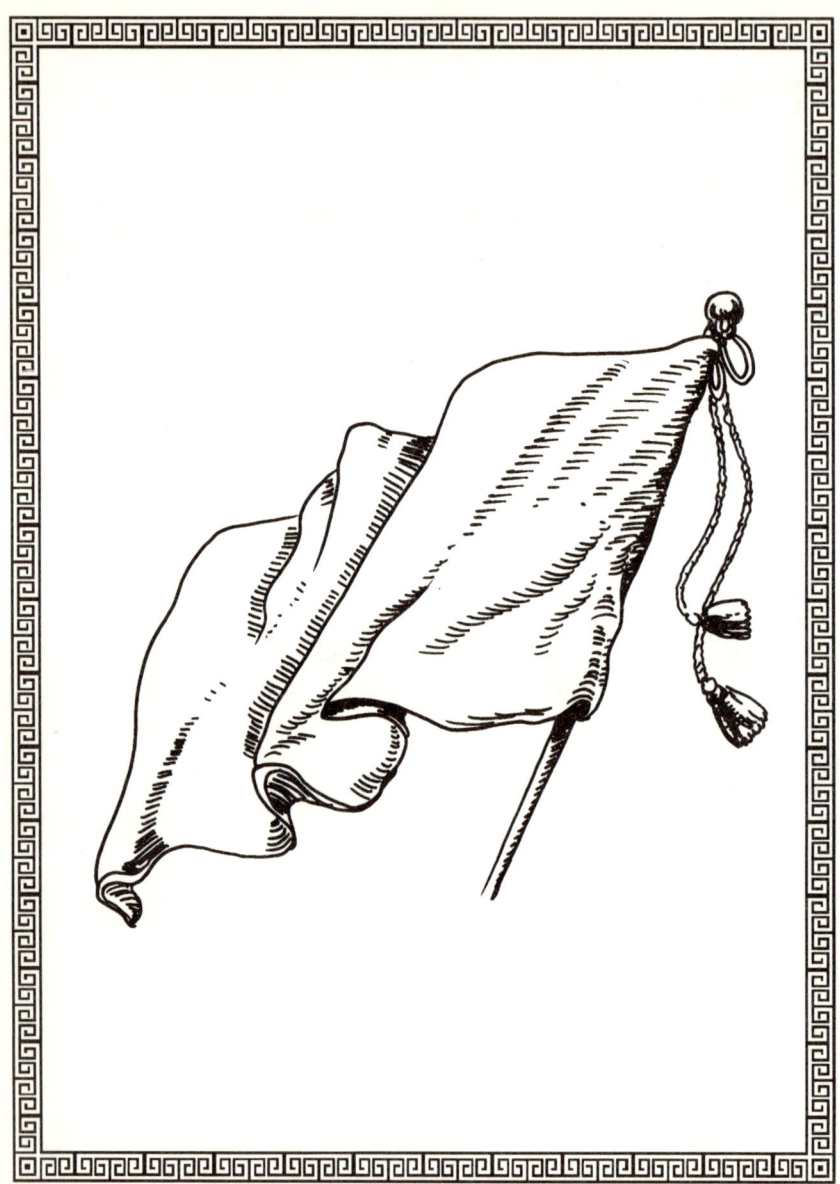

Yang-Energie

Fahne

Die Fahne war zunächst ein strategisches Hilfsmittel, um auch aus der Ferne Signale und Befehle zu übermitteln. Erst später wurde sie ein Symbol für Würde und Ehre, und die wehenden Fahnen wurden in Europa schließlich Sinnbild für den Aufbruch zum Sieg. Alle Symbole der Heraldik (Wappenkunst) fanden bei ihrer Gestaltung Anwendung.

Im Feng Shui dienen Fahnen heute einem anderen Zweck – als bewegliche Hilfsmittel symbolisieren sie die Yang-Energie und ziehen das Chi (Aufmerksamkeit) auf sich, weshalb sie vorwiegend von Großfirmen oder Geschäftsleuten für Feierlichkeiten, Geschäftseröffnungen oder zur Präsentation nach Außen verwendet werden.

Anwendung:
· Als Werbeträger, um die Aufmerksamkeit der Kunden zu gewinnen
· In Form einer Girlande, als Blickfang für Sonderangebote
· Zur Kundgebung besonderer Ereignisse
· Als Erkennungszeichen, um sich auf die Umwelt einzuprägen

Wichtig:
Der Fahnenmast sollte sich nicht gegenüber der Eingangstür befinden, um keine Unruhe (Spaltung) zu bewirken

"Ich Prisma bin ins Licht gestellt
zum Zeugnis einer bessren Welt,
die aus der Dünste trübem Netz
erkennet Gott und sein Gesetz. "

GOETHE

Zeugnis einer höheren Welt

Farben

Goethe ist der Begründer der physiologischen Optik und durch seine Farbenlehre gewinnen die Farben eine wichtige Bedeutung. Farbe ist für ihn das Zeugnis einer höheren Welt, was er mit neben zitierten Worten ausdrücken möchte.

Farben schlagen eine Brücke zwischen dem Diesseits und dem Jenseits durch die gleichzeitige Verbildlichung von Körper, Geist, Zeit und Raum. Die Sonne ist die Spenderin aller Farben, der Urquell allen Lebens und die Bedingung allen Daseins. Die Natur ordnet die Farben.

Goethe hat nicht nur die Natur der Farben ergründet, sondern auch ihre Wirkungen auf die Psyche des Menschen. In seiner Farbenlehre schreibt er: „Die Erfahrung lehrt uns, daß die einzelnen Farben besondere Gemütsstimmungen geben".

Diese Tatsache sollte als Aufforderung gelten, unsere gesamte Umgebung farblich zu gestalten. Unzählige Möglichkeiten bieten uns Wohnaccessoires wie Tischdecken, Vorhänge, Möbelstoffe, Teppiche; Gegenstände wie Vasen, Schalen, Blumenarrangements, Bilder, Skulpturen, Lampenschirme, selbstangefertigte Kunstgegenstände und Pflanzen. Durch die Wiederbelebung alter Maltechniken und ihrer Farbnuancen steht uns eine breite Palette kreativer Gestaltungsmöglichkeiten für die Wände unserer Häuser oder Wohnungen zur Verfügung.

Feng Shui gibt uns ein Regelwerk an die Hand, das einerseits die Farben im Zyklus (fünf →*Elemente*) und im Yin und Yang erfaßt, und andererseits die Symbolik und Dynamik der Farben näher beschreibt. Grundsätzlich gilt jedoch, daß Rot und Schwarz eher zurückhaltend einzusetzen sind, da eine Überbetonung von Rot zu Aggressivität und Spannung, zuviel Schwarz zu Depression und Pessimismus führen kann. Weiterhin ist die Nutzung des einzelnen Raumes bestimmend für die Farbwahl. So sollten Schlaf- oder Ruheräume in ruhigen und zarten Farben gehalten werden, wohingegen das Wohnzimmer oder die Küche mit kräftigen und fröhlichen Farben ausgestattet werden können.

Weiß

Weiß erscheint als die vollkommenste aller Farben – sie ist kaum mit negativen Aussagen belegt. Da im symbolischen Denken der Tod dem Leben vorausgeht oder im Leben beinhaltet ist und jede Geburt eine Wiedergeburt darstellt, ist Weiß in einigen Kulturen auch heute noch die Farbe des Todes und der Trauer, wie z.B. in China – aber auch in Europa war sie es eine lange Zeit.

Die positive Bedeutung der Farbe Weiß hängt auch mit ihrer Rolle bei der Initiation zusammen. Sie ist die Farbe der Unschuld und Reinheit, des ungebrochenen Lichtes, der absoluten Wahrheit, der siegreichen endgültigen Verklärung und der ewigen Herrlichkeit. Weiß steht im Bewußtsein vieler Menschen für das Vollkommene, das Ideale, das Gute.

Doch Weiß neutralisiert auch alle Farben und wirkt selbst neutral und rein. Wer Weiß wählt, hält sich alle Möglichkeiten offen oder kann nicht zu eindeutigen Ansichten gelangen.

Im Feng Shui wird die Farbe Weiß dem Westen zugeordnet, dem → *Element* Metall. Sie steht für den Herbst und den Abend und ist Sinnbild des Alters.

Eigenschaften:
· Fördert die Konzentration und klares Denken

Ba Gua-Bereich:
· Kinder
· Hilfreiche Freunde

Schwarz

Allgemein ist Schwarz Sinnbild für Vernichtung, Tod und das Toten-
reich, für das Dunkle, die Nacht oder aber die Ehre. Schwarz stellt Trauer ohne Hoffnung im Gegensatz zur messianischen Trauer in Weiß dar,
Schwarz ist der Fall ins Nichts ohne Wiederkehr. Auch wird Schwarz als
die Farbe des Verzichts auf die Eitelkeit der Welt, der Abtötung der
sinnlichen Lust, der Weltverachtung und Demut angesehen und kon-
frontiert die Persönlichkeit mit sich selbst.

Im Feng Shui wird die Farbe Schwarz dem Norden, dem → *Element*
Wasser zugeordnet. Sie steht für den Winter und die Nacht und ist
Sinnbild für Geld und Reichtum.

Eigenschaften:
· Schwer und absorbierend – sie sollte daher verwendet werden, um
  Akzente zu setzen (Bordüre, Schale usw.)

Ba Gua-Bereich:
· Karriere

Rot

Diese faszinierende Farbe ist die älteste Farbbezeichnung in fast allen Sprachen der Welt. Ihre Symbolik ist von zwei elementaren Erfahrungen geprägt: von Feuer und Blut. Sie zieht den Blick an, erregt, erweckt die Gedankenverbindung zu Kraft, Macht, Autorität und Eroberung. Alle Gefühle, die das Blut in Wallung bringen, wie Liebe und Haß, werden mit Rot in Verbindung gebracht.

Rot ist die dynamischste Signalfarbe und fällt sofort ins Auge. Sie ist eine männliche Farbe und der Gegenpol zum passiven, sanften Blau und zum unschuldigen Weiß.

Im alten Rom war Rot die Farbe der Generäle und des Adels; die byzantinischen Kaiser kleideten sich ausschließlich in Rot – Sinnbild der höchsten Macht und des Reichtums. In China glaubt man außerdem, daß Rot böse Kräfte fernhält, und deshalb wird es auch als Schutzfarbe verwendet.

„Rot" und „Grün" ist die Symbolformel der chinesischen Malerei, beide sind Farben des Lebens und des Wachstums, die außerdem noch Heilung und Ruhe bedeuten, denn zum Gesundsein oder Gesundwerden brauchen wir Ruhe und Freude.

Im Feng Shui wird die Farbe Rot dem Süden zugeordnet, dem → *Element* Feuer. Sie steht für den Sommer und ist als Tageszeit dem Mittag zugeordnet und ist Sinnbild der Jugend.

Eigenschaften:
· Wirkt aktivierend und anregend, verleiht Durchsetzungsvermögen und Dynamik. Sollte jedoch wie Schwarz nur für Akzente verwendet werden.

Ba Gua-Bereich:
· Ruhm

Grün

Im Gegensatz zum Blau des „Himmels" und dem Rot der „Hölle" ist Grün eine Farbe des mittleren Bereichs und von vermittelnder Eigenschaft, beruhigend, erfrischend und menschlich. Das grüne Kleid der Erde im Frühling inspiriert zur Hoffnung und zur Verwirklichung unserer Träume. Grün regt die Phantasie an, macht empfindsam und versetzt die Seele in positive Schwingungen.

Auch im Volksmund ist sie der Hoffnung und dem Leben zugeordnet. Sie weckt die Lust auf Neues, auf Entdeckungen, da sie der Quell der Schöpfungskraft ist. Außerdem beruhigt sie das Nervensystem und wirkt zu hohem Blutdruck entgegen, stärkt die Willenskraft und sorgt für Ruhe und Harmonie.

Die mehr als 90 Grünnuancen eignen sich hervorragend für Zimmer, die Ruhe ausstrahlen oder zu geistiger Tätigkeit anregen sollen. Außerdem steht das „neutrale" Grün für Urlaub, Wald, Wiese sowie für Erholung.

Im Feng Shui wird die Farbe Grün dem Osten zugeordnet, dem → *Element* Holz. Sie steht für den Frühling und den Morgen und ist Sinnbild von Wachstum und Ausdehnung.

Eigenschaften:
· Fördert den Gesundungsprozeß und regt die Kreativität an.
· Verleiht Frische und eine positive Lebenseinstellung

Ba Gua-Bereich:
· Reichtum
· Eltern

Gelb

Gelb ist die hellste, intensivste und strahlendste aller Farben, es entspricht den Sonnenstrahlen. Gelb spiegelt das auf die Oberfläche treffende Licht am stärksten wider. Das ist auch der Grund, warum wir das Sonnenlicht als Gelb und nicht als Weiß empfinden.

Goethe sagte, Gelb sei die Farbe, die dem Licht am nächsten ist und eine heitere, muntere, sanft reizende Eigenschaft besitzt. Benötigt jemand seelische Aufmunterung, so trage er/sie nur Gelb.

Gelb hat auch eine stark aufhellende Wirkung und ist deshalb die ideale Farbe für Räume mit wenig oder keinem Sonnenlicht. Gelbtöne muntern auf und zaubern Sonnenschein ins Zimmer, auch wenn es draußen trüb und grau ist. Die stärkste Wirkung hat das strahlende Zitronengelb.

Auch ist Gelb eine Signalfarbe, die uns im Straßenverkehr und im Alltag immer wieder als Warnung begegnet.

Im Feng Shui wird die Farbe Gelb der Mitte zugeordnet und dem → *Element* Erde. Sie steht für den Spätsommer und den Nachmittag. Sie gilt als äußerst positiv und ist Sinnbild für langes Leben.

Eigenschaften:
· Wirkt ausgleichend und beruhigend
· Vermittelt Geborgenheit und Stabilität

Ba Gua-Bereich:
· Partnerschaft
· Wissen
· Zentrum

Blau

Als die tiefste und am wenigsten materielle Farbe ist Blau das Medium der Wahrheit, die Transparenz der komprimierten Leere in Luft, Kristall oder Diamant; die Farbe des Firmaments. Sie symbolisiert Spiritualität, Harmonie, Freundlichkeit, Freundschaft, Sorgfalt, Treue, Glaube, Sympathie, Umsicht und Fürsorge.

Blau ist vom Gefühl her die kälteste Farbe und so erscheinen die Schatten des Sommerlichtes blau. Vincent van Gogh malte Bäume blau, die im Schatten stehen. Eis und Schnee schimmern im Sonnenlicht bläulich und unsere Haut wird vor Kälte blau, deshalb ist sie keine Farbe, die Gemütlichkeit ausstrahlt.

Im Kampf zwischen Himmel und Erde verbinden sich Blau und Weiß gegen Rot und Grün, wie in zahlreichen Darstellungen des Kampfes des Heiligen Georg mit dem Drachen zu sehen. Blau ist auch die Farbe des Mantels Marias.

Dem Intellekt und der geistigen Erkenntnis zugeordnet charakterisiert Blau die positive Seite der Phantasie und steht für utopische Ideen. In alten Redensarten finden wir auch den Ausspruch der Lüge: „Das Blaue vom Himmel..." oder „blauen Dunst vormachen" usw.

Im Feng Shui wird die Farbe Blau, wie die Farbe Schwarz, dem Norden zugeordnet und dem → *Element* Wasser. Sie steht für den Winter und die Nacht.

Eigenschaften:
· Helles Blau regt die Kreativität an und fördert die Offenheit
· Tiefes Blau macht introvertiert und verleiht Distanz

Ba Gua-Bereich:
· Karriere

Orange

Mischen wir Gelb und Rot, so entsteht etwas Aufregendes und doch gedämpftes, das Orange. Diese Farbe hilft uns, Kreativität in die Tat umzusetzen, und zwar aufgeregt, mitteilsam und voller Aktivität. Es wirkt nicht so heiß wie Rot, sondern erinnert eher an das Kaminfeuer oder an die fröhliche, offene Begegnung eines Urlaubstages. Sie ist eine soziale Farbe und kündet vom Bedürfnis für fröhliches Beisammensein.

Viele Eigenschaftswörter sind mit dieser Farbe verbunden: reif, satt, lebendig, warm, trocken, gemütlich, herbstlich, gesellig, jugendlich, frisch, leuchtend – und trotzdem ist sie in der europäischen Kultur immer eine untergeordnete Mischfarbe geblieben. Je nach Tönung wird sie dem → *Element* Feuer oder Erde zugeordnet.

Rosa

Rosa ist die Farbe der Weiblichkeit, Zärtlichkeit, Lieblichkeit und schafft Harmonie. Sie ist das abgeschwächte Rot und das bereicherte Weiß, was männliche und weibliche Energie miteinander vermischt. Wir verbinden auch „Unschuld" oder die erwachenden Energien junger Liebe mit Rosa und assoziieren Romantik mit dieser Farbe. In China ist es z.B. beliebt, die Schlafräume in Rosa auszustatten, um das Eheglück zu fördern.

Dem → *Element* Erde zugeordnet kann sie reizvoll mit Braun verbunden werden.

Violett/Purpur

Violett ist eine Farbe der Besonnenheit, des bedachten Handelns und dem Gleichgewicht zwischen Sinnen und Geist, Leidenschaft und Verstand sowie Liebe und Weisheit, da es zu gleichen Teilen aus Rot und Blau gemischt wird.

Purpur wurde während des Altertums als die schönste und vornehmste Farbe der Passionszeit angesehen und ist verbunden mit der Energie der Vollendung. Sie verbindet uns mit den hohen Idealen der Loyalität und Wahrheit, des machtvollen, wohlhabenden oder vom Glück besonders begünstigten Menschen.

Beide Farben gehören zum → *Element* Feuer.

Ba Gua-Bereich:
· Ruhm

Braun

Vom Ocker bis zum dunklen Erdbraun geben uns diese Farbtöne den Erdboden wieder. Sie stehen auch für die positive Auseinandersetzung mit der „Mutter Erde" und sind Farben des Herbstes und der Traurigkeit.

Bei den alten Römern wie auch in der katholischen Kirche ist Braun Symbol für Demut („humilitas" von humus – Erde) und materielle Armut (braune Kutten mancher Bettelorden).

Alle braunen Farbnuancen werden dem → *Element* Erde zugeordnet.

Ba Gua-Bereich:
· Partnerschaft
· Wissen

Sich erneuerndes Leben, Fruchtbarkeit

Frosch

Der Frosch ist ein Symbol des entstehenden und sich immer wieder erneuernden Lebens und der Fruchtbarkeit. Besonderes Interesse erregte er wegen seines auffälligen Gestaltwandels, der ähnlich wie beim Menschen vom Ei über die Kaulquappe zum vierbeinigen Wesen erfolgt.

In der Volksmagie wurden ihm unzählige Fähigkeiten zugesprochen, und er durfte in keiner Hexenküche fehlen, da er so manchem magischen Trank erst seine Kraft verlieh. Emporgestiegen aus der unbekannten Tiefe des Brunnens oder eines Moorloches an das Sonnenlicht, trägt er die Verwandlung des Bösen zum Guten und Schönen in sich. Damit wird er auch zum Symbol der Auferstehung und zum heilbringenden Tier.

Anwendung:
· Im Garten als Wasserspeier für den Teich
· Bei Blumen im Wohnbereich als Skulptur
· Als Figur auf der Fensterbank oder im Wintergarten
· In Verbindung mit einem Zimmerbrunnen

Ba Gua-Bereich:
· Karriere
· Kinder

Affirmation:
Ich nehme freudig die Möglichkeiten zur inneren Entwicklung an.

Wohlergehen

Früchte, goldene

Ein Symbol für Ernährung, Wohlergehen und Leben. Wer schätzt es nicht, sich an einen Tisch setzen zu können, auf dem ein Korb oder eine Schale mit Früchten steht, und genußvoll zugreifen zu dürfen. Früchte sind auch ein sehr beliebtes Geschenk bei einem Krankenhausbesuch: Durch den frischen, süßen Geschmack der Früchte möchte man dem Kranken das Leben „versüßen" oder die Gesundung anregen und ihm die Kraft der Natur vermitteln.

Besonders dekorativ sind „goldenen Früchte", die aus Holz geschnitzt und mit einem Goldüberzug beschichtet werden. Durch die goldene Farbe werden die Früchte symbolisch aufgewertet und „wertvoller". In einer schwarzen Schale dekoriert versinnbildlichen sie: „Das Edle zieht das Wertvolle an." Diese Kombination gilt als starkes Feng Shui-Hilfsmittel.

Anwendung:

· Dekorativ in einer schwarzen Schale aufgestellt, um Wohlstand und Fülle auszudrücken oder anzuziehen

Ba Gua-Bereich:

· Reichtum, z.B. in der Küche oder im Eßbereich

Fülle und Glück

Füllhorn

Das Füllhorn ist eine Art Trinkhorn, aus dem ohne Ende Gemüse, Früchte, Blumen und andere Gaben der Natur quellen. Es ist der Flora zugeordnet, der Erde und ihrer Fruchtbarkeit, und auch der Glücksgöttin Fortuna. Damit wird es zum Sinnbild für die Gaben der Götter, die dem Menschen ohne sein direktes Zutun geschenkt werden.

Prähistorische Darstellungen, wie die „Venus von Laussel" zeigen Hörner als Opfergefäße. Außerdem ist es Kennzeichen der theologischen Tugend der Hoffnung.

Anwendung:
· Als Gegenstand mit goldenen Früchten gefüllt
· Als Dekoration mit Blumen und Früchten

Ba Gua-Bereich:
· Reichtum

Affirmation:
Als Wesen des Universums steht mir dessen Fülle zur Verfügung

sich verjüngendes Leben, Neugeburt, Zeitabläufe

Hirsch

Der Hirsch ist in den westlichen Kulturen ein wichtiges Symboltier. Wegen seines baumähnlichen, sich periodisch erneuernden Geweihs galt er als Sinnbild des sich immer wieder verjüngenden Lebens, der Neugeburt und der Zeitabläufe.

In der Antike und in der christlichen Mythologie bot er Schutz vor Giftschlangen – verbranntes Hirschhorn soll die Schlangen vertreiben. Als Wappentier strahlte er Größe, Kraft und Sanftheit aus.

Sein Geweih wird in der nordischen Mythologie mit der Krone des Weltbaumes Yggdrasil verknüpft oder als Spiegelung der Sonnenstrahlen gedeutet.

Anwendung:
· Als kleine Tischskulptur für den Schreibtisch
· Als große Gartenskulptur für die Außengestaltung (siehe Abb. links)

Ba Gua-Bereich:
· Reichtum
· Eltern (Gesundheit)

heiliges Licht/Feuer

Kerze

Die Kerze ist Sinnbild des Lichtes und des Feuers. Sie wird im Kirchenbrauchtum oft verwendet: bei der Taufe, Kommunion, Hochzeit oder am Altar. Hier ist sie Träger des geistigen Lichtes und Vermittler von tiefer Gottverbundenheit.

Grundstein für diese christliche Lichtsymbolik sind die Worte von Jesus Christus: „Ich bin das Licht der Welt". In allen katholischen Kirchen brennt daher eine Kerze als „Ewiges Licht", das nach frommer Fürbitte auch den Verstorbenen „Heim"-leuchten soll.

Tief verwurzelt ist im Volksglauben schon das Anzünden einer geweihten Kerze, die vor Unwetter, Überschwemmung, Blitzeinschlag und Krankheit schützen soll, wenn in ihrem Schein gebetet wird. Heute noch ist es üblich, die Osterkerze und die Hauskerzen zu „Maria Lichtmeß", am 2. Februar, in der Kirche weihen zu lassen.

Anwendung:
· Als stimmungsvolles Licht für gemeinsame Stunden
· Dekorative Raumgestaltung und Beleuchtung
· Zur Meditation

Ba Gua-Bereich:
· Ruhm
· Wissen

Affirmation:
Ich verbinde mich mit dem Licht in mir und vertraue.

Klangspiel

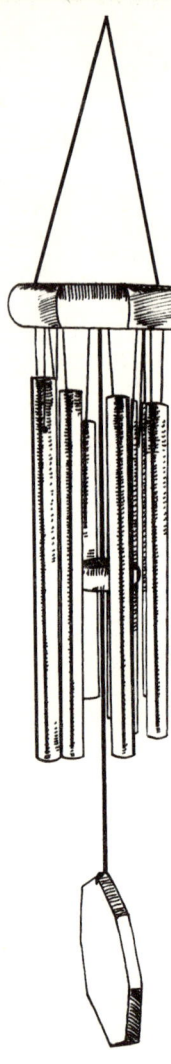

Klangspiele, auch Windspiele genannt, bestehen überwiegend aus hohlen oder massiven Me-
tallröhren, die durch einen Klöppel angeschla-
gen werden. Ihr Klang sollte klar und rein sein
und vom betreffenden Menschen als angenehm
und freundlich empfunden werden, weshalb das
Klangspiel ausschließlich nach dem Gehör aus-
zuwählen ist. Das Angebot ist vielfältig und die
Abstimmung erfolgt unter anderem nach Ton-
leitern oder Planeten.

Ihre Verwendung im Feng Shui ist sehr viel-
seitig. So werden sie einerseits eingesetzt, um
Energieströme zu bremsen oder zu lenken, und
andererseits, um dem in einem Raum Anwesen-
den eintreffende Menschen anzumelden.

Die Wirkung des Klangspiels entsteht auch
dann, wenn es nicht durch den Wind bewegt
wird. Hier wirkt es über seinen Symbolgehalt.

Anwendung:

· Bei einer direkten Tür-Fenster- oder Tür-Tür-
Linie, um den Energiedurchfluß zu bremsen
und zu streuen (siehe Abb. rechts oben)
· Bei äußeren schädlichen Einflüssen (Häuser-
oder Dachkanten, Telefonmasten) auf ein Fenster
· Als Türwächter, sollte man mit dem Rücken
zur Tür sitzen oder arbeiten (Schreibtisch, siehe Abb. rechts unten)
· Um den starken Energieabfluß in Winter-
gärten zu bremsen.

*Warnung und
Schutz*

96

· Um verschiedene Raumzonen klar
zu trennen, wenn sich unterschiedlich genutzte Bereiche innerhalb
eines Raumes befinden (z.B.
Arbeits- und Schlafbereich).
· Als Türglockenspiel um die Gäste willkommen zu heißen

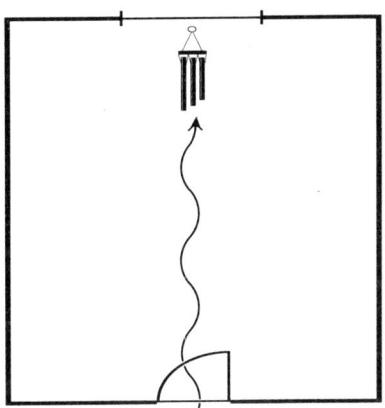

Ba Gua-Bereich:
Jeder Bereich, insbesondere aber
Eltern, Freunde, Kinder

Affirmation:
Klang ist Raum und im Raum
fühle ich mich geborgen.
„Herzlich Willkommen"

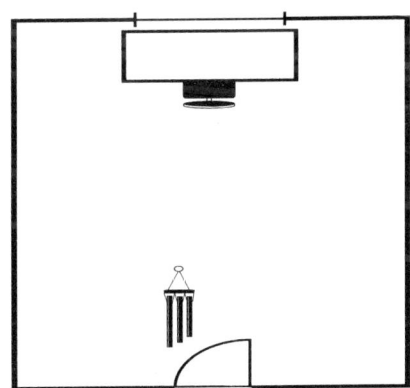

Kreis

Das wichtigste und am weitesten verbreitete geometrische Symbol ist der Kreis, der als vollkommenste Form gilt. Er hat weder Anfang noch Ende, weder Richtung noch Orientierung. In mystischen Systemen wird Gott als Kreis mit allgegenwärtigem Zentrum dargestellt, um Vollkommenheit und Unangreifbarkeit für den Menschen verständlich zu machen, weshalb der Kreis auch für den Himmel und alles Spirituelle steht.

In den verschiedensten magischen Lehren hatte der Kreis die Funktion, Schutz gegen böse Geister zu bieten, und wurde bei Beschwörungszeremonien um den Magier gezogen und durfte nicht überschritten werden. – Einige Feng Shui-Schulen stellen ungünstige → *Zahlen* in einem Kreis dar, um deren Wirkung zu begrenzen oder zu neutralisieren.

In der Astrologie ist ein Kreis mit eingezeichnetem Mittelpunkt das Symbolzeichen der Sonne, in der Alchemie für das ihr analoge Metall Gold. In der christlichen Symbolik wird der Heiligenschein meist kreisförmig abgebildet; konzentrische Kreise deuten auf die ursprüngliche Schöpfung, ähnlich den Kreisen, die ein ins Wasser geworfener Stein auf der Wasseroberfläche bildet. Im chinesischen Yin/Yang-Symbol ist die Dualität im Kreis, dem Tai Chi, eingeschlossen. Im Zen-Buddhismus bedeutet der Kreis die Erleuchtung.

Durch die Form des Kreises entsteht eine Verbindung mit allem, was sich dem Kreis nähert. So wird seine Ausgewogenheit bei Klärung von Problemen eingesetzt, Entscheidungen werden am „runden Tisch" getroffen. Auch im Straßenverkehr wird seine verbindende und fließende Dynamik in der Form des Kreisverkehrs genutzt. Hier werden mehrere auf einen Punkt hinlaufende Straßen harmonisch miteinander verbunden.

Im Feng Shui wird der Kreis dem → *Element* Metall zugeordnet, wie auch alle kuppelartigen Formen. Er steht für den Himmel (Yang) und für den menschlichen Geist. Runde Räumlichkeiten öffnen zwar den Geist und die Spiritualität, vermitteln jedoch keine Orientierung und Stabilität, weshalb diese Form für Wohnungen weniger geeignet ist.

Anwendung:
· Um ungünstige Einflüsse abzu-
  wehren, z.B. die Hausnummer 4
· Als runder Teppich im Flur, wenn
  mehrere Türen sich auf engstem
  Raum treffen (siehe Abb. rechts)
· Vor der Haustür in Form eines
  Mandalas oder einer Spirale, um
  die kosmische Energie zu sam-
  meln (siehe kreisförmig verlegtes
  Pflaster auf Abb. links)
· Runde Formen in einem Bild un-
  terstützen das → *Element* Metall

Ba Gua-Bereich:
· Kinder
· Hilfreiche Freunde

Kreuz

Johanniter-/Malteserkreuz

Ankh

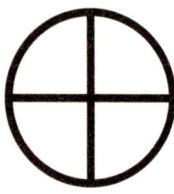

Radkreuz

Passionskreuz

Das Kreuz ist keineswegs nur auf den christlichen Bereich beschränkt, sondern bildet vielmehr die Orientierung – als Schnittpunkt von oben und unten, von rechts nach links – im Raum. Es verkörpert durch die vier Eckpunkte die Vierheit und die Vier Himmelsrichtungen.

Das Kreuz innerhalb eines Kreises (Radkreuz) hat, neben der kosmologischen Bedeutung, auch die eines Sinnbilds der vier Jahreszeiten. Senkrecht und waagrecht teilt es ein Quadrat in gleiche Viertel. Dieses Schema wurde oft bei der Gründung alter Stadtanlagen verwendet, und wir kennen heute noch den Begriff eines Stadtviertels.

Aus der Heraldik (Wappenkunde) sind uns zahlreiche Kreuzformen bekannt, die zum Teil mit einer wichtigen Aussage besetzt sind. So kennen wir heute noch das Johanniter- oder Malteserkreuz mit seinen gespalteten Armen, oder das Sonnenrad (Svastika) als Symbol Buddhas (siehe Scheiner/Bradler: „Feng Shui Symbole des Ostens"). Das altägyptische Henkelkreuz (Ankh) ist Symbol für „Leben" und wurde auch als Zeichen „ewigen Lebens" verwendet, das dem Menschen durch den Opfertod des Erlösers geschenkt wurde. In den letzten Jahren wird es vermehrt als Emblem verschiedener esoterischer Richtungen eingesetzt. Das Passionskreuz ist im Christentum das ursprüngliche Zeichen für die Opferung, wurde jedoch durch die Auferstehung Christi Sinnbild für das ewige Leben und des Triumphes über den Tod.

Kreuze finden wir nicht nur in Kirchen, sondern überall im täglichen Leben, sei es als Hauskreuz oder Grenzzeichen, als Verkehrsschild oder Fensterkreuz. Dabei ist zu berücksichtigen, daß sich eine disharmonische Anordnung der Sprossenteilung bei Fenstern auf die Raumenergie und den Menschen ungünstig auswirken kann. Deshalb sollte die Einteilung symmetrisch und harmonisch erfolgen, um möglichst ungünstige Einwirkungen auszuschließen.

Anwendung:

· Je nach individueller Symbolik für die Gestaltung der Eingangstür (Einlegearbeit oder Schnitzerei) sowie für die Anordnung der Fenstersprossen (siehe Abb. unten)

· Als → *Türkranz* in Form eines Radkreuzes zum Schutz vor ungünstigen Einflüssen

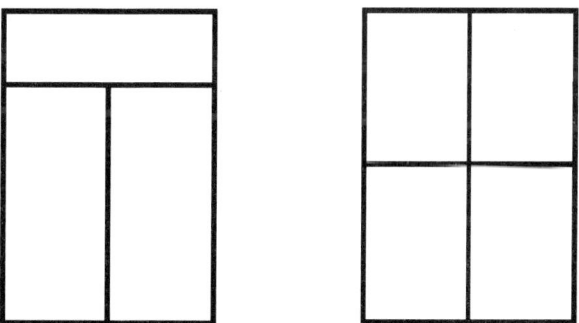

harmonische und symmetrische Sprossenanordnung

101

Belebung und Schutz

Kristall-Prismen

(Regenbogenkristalle)

Die Kristall-Prismen sind eines der beliebtesten Hilfsmittel im Feng Shui. Ihre Verwendungsmöglichkeiten sind fast unerschöpflich: Sie können eingesetzt werden, um Energien zu verteilen, zu zerstreuen, zu lenken oder zu aktivieren.

Wichtig ist die Qualität bei den Kristall-Prismen. Nur einwandfrei plangeschliffene und vom Material her hochwertige Prismen können ihren Zweck erfüllen.

Durch den entsprechenden Facettenschliff erhalten die Kristall-Prismen eine reflektierende Oberfläche, ähnlich vieler kleiner Spiegel, weshalb sie vorzugsweise dafür eingesetzt werden, um den Energiefluß zu beeinflussen. Nicht von ungefähr wurden in den Palästen und Schlössern früher die Kristallüster im Eingangsbereich aufgehängt.

Die gebräuchlichsten Prismenformen sind Kugeln (Yin) und Tropfen (Yang), wobei die Kugel auch innerhalb der Räumlichkeiten eingesetzt wird. Zur Dekoration können auch andere Formen, wie Stern, Mond, Herz und Achteck eingesetzt werden.

Zusätzlich haben Kristall-Prismen einen wundervollen Nebeneffekt: Durchscheinendes Sonnenlicht wird in die Spektralfarben des Regenbogens zerlegt, die dann als belebende Lichtpunkte im Raum sichtbar werden. Daher auch die Bezeichnung „Regenbogenkristall".

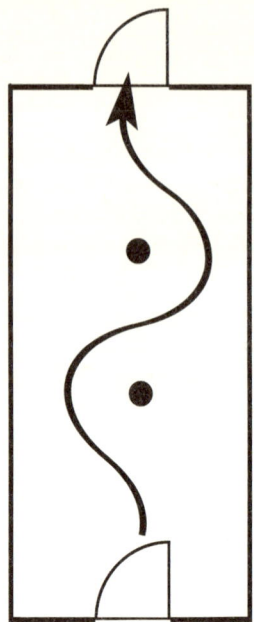

Anwendung:
- Im Fenster, um zu großen Energieverlust zu stoppen
- Zwischen Tür und Fenster, um die direkte Energielinie aufzulösen
- In langen Korridoren, um die zu schnell fließende Energie zu bremsen (siehe Abb. oben)
- Vor Kanten oder Ecken, um das „schneidende Schwert" (aggressive Energie) zu dämpfen (siehe Abb. rechts).
- In unbelebten Raumecken, um diese zu aktivieren
- In kleineren Räumen, um die Energie ins Fließen zu bringen
- In die Raummitte, um Stabilität und Zentrierung zu erlangen
- Im Fenster, um äußere schädliche Energieflüsse (Himmelsrichtung, Kanten) zu zerstreuen
- Ins Fenster, um durch das Lichtspiel (Regenbogenfarben) den Raum zu beleben.
- Zwischen Tür und Bett, um eine eventuelle Konfrontation aufzulösen

Ba Gua-Bereich:
Alle, besonders: Kinder und Hilfreiche Freunde

Wichtig:
- Die Oberfläche der Kristall-Prismen müssen regelmäßig gereinigt werden, um die Wirkung aufrechtzuerhalten. Verschmutzte Kristall-Prismen reflektieren verschmutzte Energien.
- Die Größe der Kristall-Prismen sollte proportional auf das Fenster, den Raum, oder die Kante usw. abgestimmt werden.

Affirmation:
Durch die Transformation der Energie gelange ich zur Einheit
Möge der Lichtbote mir Klarheit und Weitblick verleihen

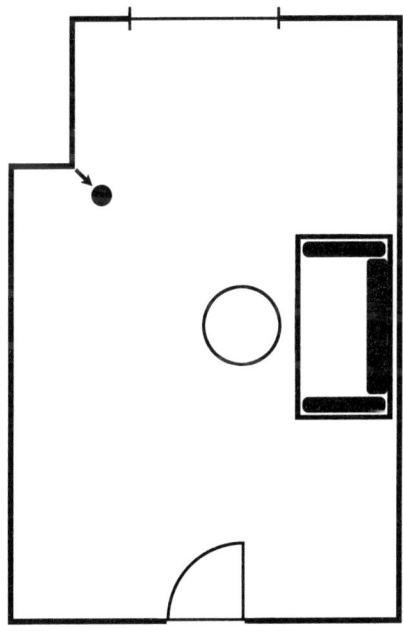

Labyrinth

Im Labyrinth, einem der wichtigsten geomantischen Formen, das nicht mit dem Irrgarten zu verwechseln ist, gibt es nur einen Weg, der sich hin und her windet und schließlich in der Mitte endet. Durch die Begehung des Labyrinths wird die Energie an diesem Ort gesammelt und freigesetzt. Es ist ein Symbol für den menschlichen Lebensweg von der Geburt bis zum Tod und zur Wiederauferstehung, mit all seinen Prüfungen, Verzögerungen und Komplikationen.

Eines der berühmtesten Labyrinthe befindet sich in der Kathedrale von Chartres (Frankreich, siehe Abb. links) und hat einen Durchmesser von ca. zwölf Metern. In den Kölner Kirchen St. Gereon und St. Severin sind leider nur noch Bruchstücke eines Labyrinths erhalten.

Fast geriet das Labyrinth in Vergessenheit, doch Anfang der siebziger Jahre wurde es vorzugsweise in Städten wieder zum Leben erweckt, indem Plätze neu gestaltet wurden und im Mittelpunkt ein Labyrinth eingesetzt wurde. Auch in der Gartengestaltung greift man vermehrt auf dieses alte Motiv zurück, um mehr Lebensenergie und Kraft zu erhalten.

Anwendung:
· Im Garten, aus Kies oder Rasensteinen oder aus Buchsbaum
· Für Vorplätze, aus farbigen Pflastersteinen
· Bei größeren Gebäuden als Raummittelpunkt

Ba Gua-Bereich:
· Zentrum

Ausgleich eines Fehlbereiches mit Licht

☀ Licht

Licht ist Energie, und die größte Lichtquelle ist die Sonne, die mit ihrer Kraft alles Leben auf der Erde ermöglicht. Helles und warmes Licht gilt daher im Feng Shui als Grundvoraussetzung für das Vorhandensein von genügend Lebensenergie (Chi).

Die Qualität und die richtige Wahl der Beleuchtung ist daher sehr wichtig. Dunkle Räume dämpfen den Chi-Fluß und haben eine träge und depressive Auswirkung. Der gleiche Raum erhält durch die richtige Beleuchtung Kraft und Leben.

Durch verschiedene Lichtquellen wie Hänge- oder Stehlampen, Deckenfluter, Spots oder indirektes Licht kann die Beleuchtung eines Raumes ganz speziell auf die jeweiligen Bedürfnisse und Erforderungen abgestimmt werden. Dabei ist darauf zu achten, daß die einzelnen Menschen vom Licht nicht geblendet werden.

Eine gute Feng Shui-Maßnahme ist es, den Eingangsbereich, die Tür und den Weg zum Haus zu beleuchten. Dadurch wird der Chi-Fluß kräftig unterstützt und kann leichter ins Haus gelangen. Diesen Effekt nutzen vielfach Hotels oder Restaurants, die so regelrecht die Gäste zu sich führen.

Das geeignete Licht ist das Vollspektrumlicht. Es enthält die Regenbogenfarben und wirkt sich so zusätzlich positiv auf die Gesundheit aus. Herkömmliche Glühlampen sind ebenfalls geeignet die Räume zu beleuchten.

Vor allem in Aufenthaltsräumen, wie Wohn- und Schlafzimmer, Kinderzimmer und Büro sollte auf eine Beleuchtung mit Leuchtstoffröhren und Niedervolt-Halogenlampen verzichtet werden, da diese unser Wohlempfinden stören.

Anwendung:

- Innerhalb der Räume, um den Energiefluß in dunklen Ecken und Nischen zu unterstützen
- Der bedrückenden Wirkung von niedrigen oder dunklen Decken mit einem Deckenfluter entgegenzuwirken
- In Räumen ohne Fenster (Bad, Flur), um den Energiefluß zu steigern
- Beleuchtung des Eingangs, um Aufmerksamkeit zu erzielen (Geschäfte)
- Beleuchtung von Wegen, um den Chi-Fluß gezielt zu lenken
- Bei einem L-förmigen Grundriß, um den Fehlbereich auszugleichen.

Ba Gua-Bereich:

- Ruhm
- Ansonsten kann jeder Bereich des Ba Gua mit Licht gezielt verstärkt werden

Wichtig:

- Defekte Lampen sind sofort zu ersetzen

Affirmation:

Licht strömt in mein Leben und verbreitet Freude

Reinheit

Lilie

Die Lilie ist im Christentum das Symbol der reinen jungfräulichen Liebe und wird bei kirchlichen Prozessionen als Merkmal der Reinheit verwendet. So wird Gabriel, der Verkündungs- → *Engel* meist mit einer Lilie in der Hand dargestellt, und auch für viele Heilige ist sie Ausdruck der vollkommenen Reinheit.

Als königliche Blume „Fleur-de-Lis", ist sie ein wichtiges Motiv in der Wappenkunst. So soll dem Frankenkönig Chlodwig I. (481-511) eine Lilie durch einen Engel überbracht worden sein, und seit 1179 schmückt sie das Wappen der Könige von Frankreich (siehe Abb. links).

Anwendung:
· Als Pflanze zur Dekoration
· Als stilisiertes Emblem auf Wänden, Möbeln oder Stoffen

Ba Gua-Bereich:
· Ruhm

Mut und Stärke

Löwe

Der Löwe, als „König der Tiere" bezeichnet, wurde in vielen Kulturen seiner Mähne, seines Mutes und seiner Stärke wegen mit der Sonne verknüpft und dargestellt.

Seine männliche Ausstrahlung machte ihn zum polaren Gegenstück großer Göttinnen, und oft mußten große Helden einen Löwen überwinden, um größere Kraft zu erlangen und damit den Sieg über die animalische Natur zu erringen. Dieser Aspekt wurde auch in christlichen Darstellungen immer wieder eingesetzt.

Als „König der Tiere" verkörpert er Kriegstugend und Macht und wurde deshalb bereits im Mittelalter oft in Wappen aufgenommen. In der europäischen Heraldik (Wappenkunde) taucht der Löwe vor allem mit der Eigenschaft der Macht und Feindabschreckung als Wappentier auf, z.b. für Bayern, Schweden und in früheren britischen Kolonien. Die wohl verbreitetste Darstellung des Löwen in der christlichen Kunst ist die des geflügelten Löwen – Symbol des Evangelisten Markus, wiederum im Wappen von Venedig zu finden.

In der westlichen Astrologie drückt er die Feuerenergie aus, und die Sonne und das Metall Gold entsprechen seiner Energie. Den Löwegeborenen werden Eigenschaften wie Vorliebe zum Genuß am Leben, Prunk, Reichtum; Eitelkeit, Familiensinn, Darstellungssucht, Führerqualitäten, Herrschsucht und Autorität zugeschrieben.

Um Reichtum, Macht und Ansehen nach außen sichtbar werden zu lassen, wurden von Königen und Amtspersonen Löwen als Statuen am Portal oder am Durchgang zu einem Schloßgarten aufgestellt. Als Türwächter hatten sie die Aufgabe, jedem, der das Tor durchschritt, bewußtzumachen, daß hier eine hohe Persönlichkeit residierte, die mit dem nötigen Respekt beachtet werden mußte.

Anwendung:
· Als Türwächter vor der Eingangs- oder Gartentür
· Als Abbildung im Eingangsbereich, z.B. auf einem Spruchband

Ba Gua-Bereich:
· Karriere
· Hilfreiche Freunde
· Familie
· Ruhm

Affirmation:
Durch Mut und Kraft wird dieses Haus beschützt

Wiedergeburt und Ewigkeit

Mäander

Häufig findet man das Mäander (die stilisierte gewundene Form eines Flußlaufs, siehe Abb. links) als Ornamentband für Randverzierungen auf Teppichen oder Keramiken, aber auch als Wandverzierung in Räumlichkeiten. Im Chinesischen ähnelt das Schriftzeichen für Mäander dem Schriftzeichen „zurückkehren", weshalb es für „Wiedergeburt" und „Ewigkeit" steht.

Die einzelnen Darstellungen sind sehr unterschiedlich. Oft besteht das Muster aus ineinander geschachtelten Quadraten, Spiralen oder mehreren Hakenkreuzen. Die immer wiederkehrende Verwendung eines Zeichens deutet auch auf die Unendlichkeit hin.

Im Feng Shui können wir dieses Motiv als Gestaltungselement in den einzelnen Räumen einsetzen, wobei das gewählte Zeichen die jeweilige Thematik unterstreicht.

Anwendung:
· Im Bad, als Fliesenborte
· Als Muster auf Tapeten oder Vorhängen
· Als kreativer Wandabschluß

Ba Gua-Bereich:
· Karriere
· Reichtum
· Eltern

Magisches Quadrat

Magische Quadrate, in die schachbrettartig Zahlen so angeordnet sind, daß die Summe der Vertikalen, Horizontalen und Diagonalen stets die Gleiche ist, sind sowohl in der östlichen, als auch in der westlichen Mystik bekannt, ihr Ursprung liegt in Indien.

Der westliche Begriff „Magisches Quadrat" wurde sehr wahrscheinlich geprägt durch das Tragen bestimmter Talismane. Diese Quadrate wurden oft Planeten zugeordnet, wobei der Wert der Summe die Eigenschaft des jeweiligen Planeten ausdrückte, sie wurden deshalb auch Planetensiegel genannt.

Saturn

Die kleinste Planetentafel ergibt sich aus drei mal drei Feldern, also insgesamt neun, in denen die Grundzahlen von eins bis neun so angeordnet sind, daß die Summe stets 15 ergibt. Dieses Quadrat soll auf dem Siegelring des Salomon eingeprägt gewesen sein und als Talisman Sicherheit und Macht verleihen.

4	*9*	*2*
3	*5*	*7*
8	*1*	*6*

Verbinden wir alle Seiten und Ecken des Quadrates über den Mittelpunkt, entsteht die Hagal-Rune (siehe → *Runen*), das „Mandel". Ein „Mandel" war früher ein gebräuchliches Handelsmaß (1 Mandel = 15 Eier).

Jupiter

Diese Planetentafel besteht aus vier mal vier Feldern, also insgesamt 16, deren Quersumme stets 34 ergibt. Jupiter steht in der westlichen Astrologie für Glück, Einsicht und Religion. So soll das Quadrat Reichtum, Frieden und Harmonie vermitteln. Dieses Jupiterquadrat finden wir in gestürzter Form beim berühmten Stich „Melancolia I" von Albrecht Dürer (1471 – 1528) als Ausdruck eines furchtbaren Zustandes und Fehlen der göttlichen Ordnung.

4	14	15	1
9	7	6	12
5	11	10	8
16	2	3	13

Mars

Diese Planetentafel besteht aus fünf mal fünf Feldern, also insgesamt 25, deren Quersumme stets 65 ergibt. Der Mars steht in der westlichen Astrologie für Durchsetzungskraft, Spontanität und Dynamik. So soll das Quadrat Erfolg, Tatkraft und Gesundheit verleihen.

11	24	7	20	3
4	12	25	8	16
17	5	13	21	9
10	18	1	14	22
23	6	19	2	15

Anwendung:

· Als Talisman zum Schutz oder zur Unterstützung der jeweiligen Eigenschaften

· Als Kraftsymbol über oder neben Eingängen

Abbild der Weltordnung (Kosmogramm)

Mandala

Der Begriff Mandala kommt aus dem Sanskrit und bedeutet heiliger oder magischer Kreis. Die symmetrische Verbindung von mehreren Kreisen und Quadraten führte zu den unterschiedlichsten Formen und Mustern, die als Konzentrationshilfe und zur Meditation verwendet werden.

Im ursprünglichen Sinn sind Mandalas geistige Abbilder der Weltordnung (Kosmogramme), und drücken über den Kreis den Himmel und über das Quadrat die vier Weltenrichtungen aus. Das Wissen über die kosmische Kraft dieser Abbildungen wurde in Tempelanlagen verwendet, indem diese architektonisch danach konstruiert wurden.

Die im Westen bekanntesten bildlichen Darstellungen sind die tibetischen Mandalas. Ihr Zentrum besteht oft aus einer Lotosblüte, in der eine Gottheit dargestellt ist. Die symmetrische Form vermittelt den Eindruck von Harmonie und Gleichgewicht, was in uns eine innige Verbindung zur Ruhe und Stille herstellt.

Mandalas können auf eine Wand oder auf Seide aufgemalt sein, kunstvoll aus Holz geschnitzt und nach eigener Eingebung bemalt, oder auch mit sehr feinem, farbigem Sand oder Pulver auf den Boden aufgestreut werden. Diese speziellen Sand-Mandalas wurden zu rituellen Anlässen gefertigt und anschließend zerstört und der Natur wieder übergeben.

Anwendung:

· Als Wandbild oder aus Holz zum Aufhängen, um die kosmische Kraft wirken zu lassen.

· Als Bodenmosaik im Eingangs oder Vorplatzbereich, um kosmische Energie aufzubauen und in die Wohnung einströmen zu lassen.

· Als Bodenmosaik im Hauszentrum, um Ruhe und Stabilität zu erzeugen.

Ba Gua-Bereich:

· Wissen
· Karriere
· Zentrum

Affirmation:

Das Leben ist reich; es schenkt mir Fülle und führt mich letztlich zur Einsicht und Weisheit.

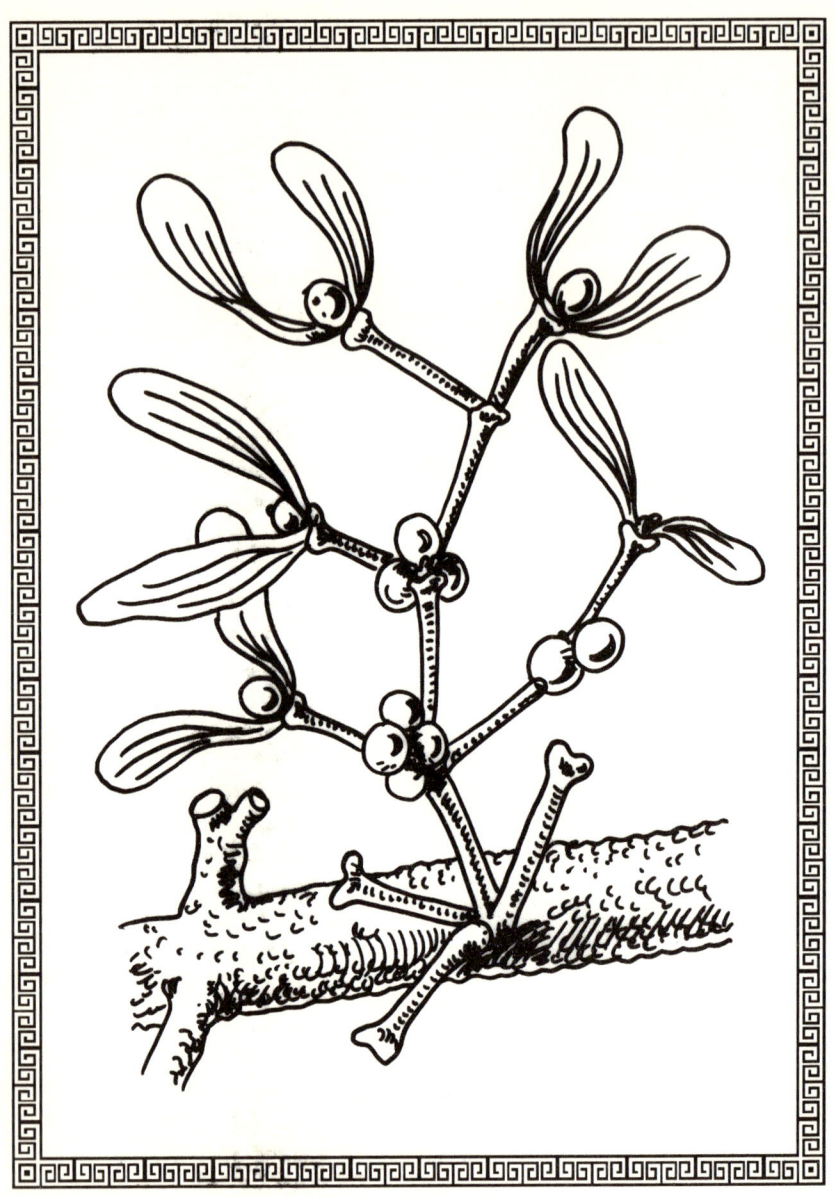

Unsterblichkeit

Mistel

Die Mistel ist eine Halbschmarotzerpflanze und ihre Besonderheiten im Wachstum und Gedeihen machten aus ihr eine „heilige" Pflanze. Die Kelten stellten fest, daß sie sich nur über ganz bestimmte Wirte ernährt, z.B. der Eiche. Sie ist weder Baum noch Strauch, bildet unabhängig vom Wirt ihren Blattfarbstoff und bleibt dadurch immergrün. Ihre Früchte sind im Winter reif, sie braucht Licht zum Keimen, gedeiht in der Dunkelheit und in der Nähe von Wasser, ohne jedoch selbst aufzuschwemmen, am üppigsten.

Die Mistel folgt ihren eigenen Gesetzen, die sie von der „üblichen, realen" Welt unterscheiden, und es scheint, als habe sie mehr Bezug zur feinstofflichen Ebene, weshalb sie in einem ganz besonderen Ritual von den Kelten gepflückt wurde: „Unter Beachtung des Mondstandes wurde sie in feierlicher Zeremonie von weißgekleideten Druiden mit einer goldenen Sichel geschnitten, in weißen Tüchern aufgefangen und anschließend, während der Opferung eines weißen Stieres, den Göttern übergeben".

Sie galt als Pflanze, die alle Krankheiten heilt, und sollte zudem die Unfruchtbarkeit bei Mensch und Tier beheben können. Sie besitzt nachgewiesen blutdrucksenkende und harntreibende Wirkungen. Die anthroposophische Medizin (Rudolf Steiner) setzt sie als krebshemmende Substanz ein.

Die Pflanze selbst wurde wegen ihrer immergrünen Natur als Symbol der Unsterblichkeit angesehen, und der zähe Saft der Beeren galt als Flüssigkeit mit stark verjüngenden Kräften.

Von den Engländern wird die Mistel zur Weihnachtszeit, die zu dieser Zeit ihre Früchte trägt, über der Eingangstür aufgehängt. Dies soll das Glück ins Haus einladen. Dieser Brauch hat schon seit längerem auch bei uns Einzug gehalten. Außerdem wird gesagt, daß ein Kuß von Liebenden unter einem Mistelzweig Glück für die Verbindung bedeutet und daß jede/r „ungestraft" geküßt werden darf, der unter einem Mistelzweig steht.

Anwendung:

Mit Bändern geschmückt zur Weihnachtszeit über die Eingangstür aufgehängt, um das Glück für ein ganzes Jahr ins Haus zu holen

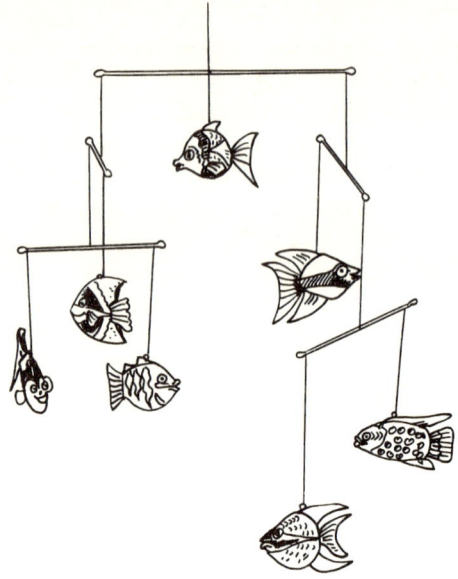

Harmonische Dynamik

Mobile

Die durch den Luftzug in Bewegung versetzten Mobiles stimulieren die Zirkulation des Chi und bringen harmonische Dynamik in Räume mit schwachem Energiefluß. Über ihre dreidimensionale Wirkung verteilen sie die Energie gleichmäßig im Raum. So eignen sie sich gut zur Aktivierung jener Raumbereiche, die wenig Bewegung und Aufmerksamkeit erfahren, wie z.B. Ecken und „tote Winkel".

Neben der Aktivierung werden Mobiles auch dazu verwendet, ungünstige Energieflüsse (Sha-Chi) zu bremsen oder zu verlangsamen, indem sie vor großen Fenstern oder in langen Korridoren aufgehängt werden. Über das jeweilige Motiv erhält das Mobile eine besondere Zusatzschwingung, die auf die jeweiligen Bedürfnisse abgestimmt werden kann.

Eine besondere Art von Mobile stellen die „Harmony Wings" dar (siehe Abb. rechts), mehrere farbige Windschwingen unterschiedlicher Größen aus Holz übereinander aufgefädelt. Sie beleben wie die anderen Mobiles ebenfalls den Energiefluß im Raum.

Verschiedene Ausführungen der Mobiles und ihre Bedeutung:
· Fische: Wohlstand und Fülle
· → *Delphine*: Liebe und Harmonie
· Vögel: Freiheit und Leichtigkeit
· → *Schmetterlinge*: Wandlung/Transformation

Anwendung:
· In wenig genutzten Räumen (Abstellraum, WC), um den Energiefluß zu bewegen
· In Ecken oder „toten Winkeln", um diese Bereiche zu aktivieren
· Vor großen Fenstern, um den Energiefluß zu mindern
· In langen Korridoren, um den Energiefluß zu bremsen

Ba Gua-Bereich:
· Partnerschaft: Delphin-Mobile
· Ruhm: Schmetterlings-Mobile
· Reichtum: Fisch-Mobile

Affirmation:
Ich verbinde mich mit der Leichtigkeit des Seins.

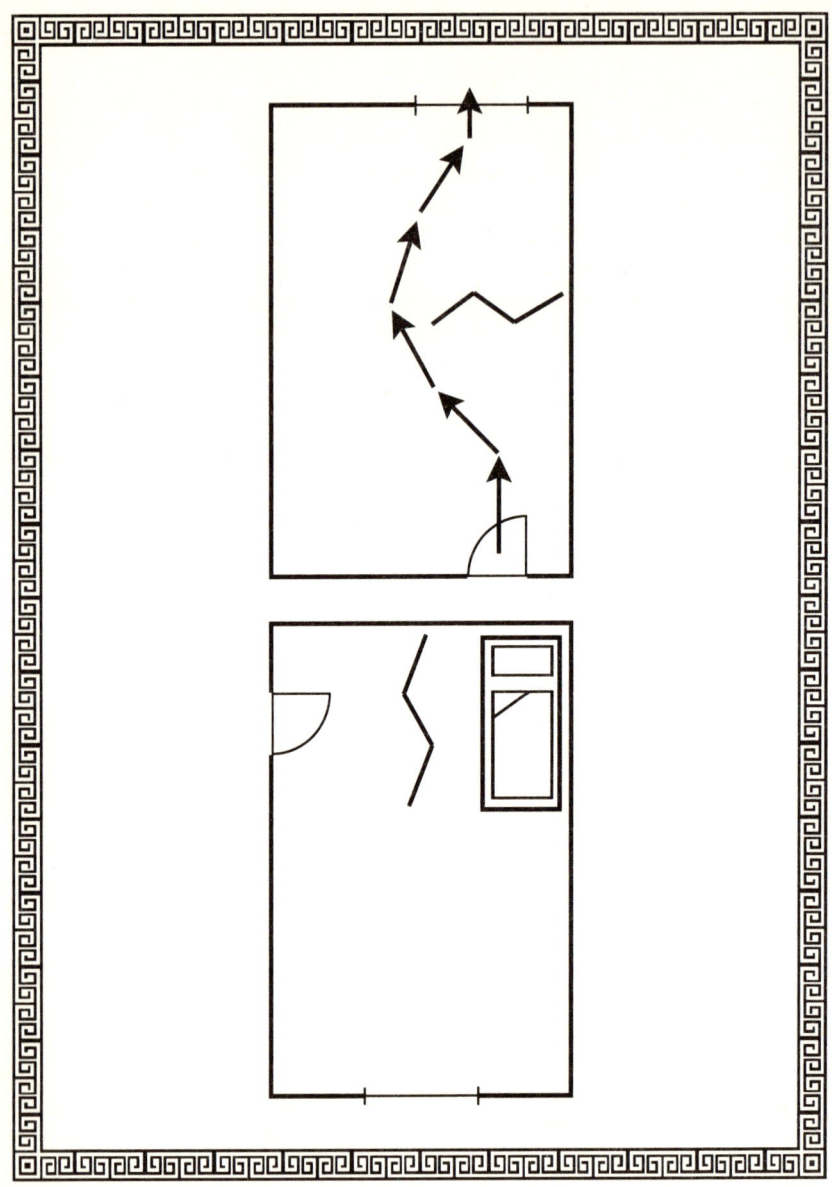

oben: Energielenker; unten: Schutz

Paravent

Wandschirme oder sogenannte „Spanische Wände" werden im Feng Shui dafür eingesetzt, um den Chi-Fluß zu lenken oder einzelne Bereiche zu schützen oder abzuschirmen. Dabei ist die jeweilige Konstruktion des Paravents auf die entsprechende Situation abzustimmen. Bei massiven Einflüssen sollte auch ein massiver Paravent, z.b. aus Holz, verwendet werden. Die Aufstellung erfolgt immer quer zur Energielinie oder zum Sha-Pfeil.

Als Raumteiler eingesetzt trennt der Paravent in einem Mehrfunktionsraum den Schlafbereich vom Wohnbereich ab und schafft eine beruhigte Zone, die damit vor unliebsamem (nicht gewolltem) Einblick geschützt wird.

Anwendung:
· Um die direkte Energielinie von Eingangstür und Hintertür zu brechen
· Um in kleineren Räumen (Kinderzimmer) den Schlafbereich gegenüber der Tür abzuschirmen
· Als Raumteiler für Wohn- und Schlafbereich

Affirmation:
Ich fühle mich geborgen und geschützt

Pflanzen

Der Bereich der Pflanzen umfaßt ein großes Spektrum. So kennen wir Bäume, Sträucher, Stauden und Blumen. Verwendet werden Pflanzen sowohl im Außenbereich, in der Gartengestaltung, als auch zur Dekoration der Innenräume. Die vielseitige Anwendung ist unbegrenzt. Wir möchten hier die wichtigsten Hinweise und Verwendungen aufführen.

Die Pflanze als Lebewesen und Energiespender

Pflanzen haben ein eigenes energetisches Feld, das je nach Art und Wachstum unterschiedlich ist. Viele Menschen kommunizieren mit ihnen, fühlen sich in ihrer Nähe angeregt oder geborgen, umschmeichelt oder fasziniert. Dieser Austausch auf feinstofflicher Ebene wurde mittlerweile durch viele wissenschaftliche Untersuchungen bekräftigt, und zeigt uns, wie sehr uns Pflanzen physisch und psychisch beeinflussen.

Gesunde und kräftige Pflanzen sorgen für einen großen Energieaustausch und beleben den Bereich, in dem sie sich befinden. So können wir ihre Vitalität und Stärke dazu nutzen, um z.B. Räume mit ausreichend viel Chi (Lebenskraft) zu versorgen.

Pflanzen als Luftfilter und -befeuchter

Durch den Stoffwechsel der Pflanze und den damit verbundenen Luftaustausch ist es möglich, die vergiftete Luft, die in Räumlichkeiten durch verwendete Materialien wie Farben, Putzmittel oder Arbeitsgeräte entstanden ist, teilweise wieder zu reinigen. Somit erhält die Raumluft eine für den Menschen bessere und verträglichere Qualität, was sich in einem gesteigerten allgemeinen Wohlbefinden ausdrückt.

Chrysanthemen, Gerbera, Schwertfarn und Birkenfeigen verarbeiten das Gift Formaldehyd sehr effektiv, wohingegen das beliebte Einblatt besonders gut Aceton, Benzol und Trichlorethylen ausfiltert.

Durch die Feuchtigkeitsabsonderungen der Blätter wird die Raumluft zusätzlich mit Feuchtigkeit angereichert, was ein ausgeglichenes Raumklima zur Folge hat.

Pflanzen als Schutz

Durch die gezielte Plazierung einzelner oder mehrerer Pflanzen können wir regelrecht eine Art Schutzschild erzeugen. Sei es, um die Rückseite eines Hauses zu stärken oder Mauerkanten innerhalb oder außerhalb des Hauses zu neutralisieren. Dabei sollte bei der Pflanzenwahl darauf geachtet werden, keine spitzblättrigen Pflanzen wie z.b. die Yucca-Palme zu wählen, da diese Pflanze selbst über ihre Blattform „Giftpfeile" aussendet. Günstiger sind Efeu, Bambus oder Philodendronarten.

Pflanzen den Elementen zuordnen

Die Vielfalt der Arten und ihre jahreszeitlich wechselnde Erscheinung macht es teilweise schwierig, Pflanzen eindeutig einem bestimmten → *Element* zuzuordnen. Hier greift die Wandlung, die Veränderung der Natur ein. So kann eine Pflanze über das Jahr mehrere Elemente ausdrücken. Dennoch gibt es Grundformen, die einem bestimmten Element entsprechen.

Holz: Säulenartig oder hochstrebend wachsende Pflanzen, Kletterpflanzen

Feuer: Spitz nach oben zulaufende Arten und/oder mit spitzen Blättern oder Stacheln

Erde: Flache und breitwüchsige Arten, Bodendecker, oder Pflanzen, deren Blätter und/oder Äste zur Erde zeigen

Metall: Kugelige, runde oder halbrunde Wuchsformen, sei es natürlich oder durch Zuschnitt

Wasser: Unregelmäßig wachsende Pflanzen und Arten mit stark gewellten Blättern

Standort und Pflege:

Jede Pflanze oder Baum, sei es im Garten oder im Raum, benötigt einen speziellen Platz und besondere Pflege, um gesund und kräftig gedeihen zu können. Nur so können die Pflanzen ihre volle Schönheit und Kraft, und somit ihre unterstützende Wirkung auf uns Menschen entfalten. Deshalb sollte beim Kauf der einzelnen Pflanzen auf die Pflegeanleitung geachtet werden oder der Rat eines Fachmannes eingeholt werden.

Symbolgehalt der Pflanzen:

Mit jeder Pflanze, besonders älteren und einheimischen Arten, verbinden wir eine Empfindung, einen Eindruck, eine Bedeutung. So können wir über die Verwendung der ausgesuchten Pflanze unseren ganz persönlichen Bedürfnissen Ausdruck verleihen.

Allgemein gelten spitzblättrige Pflanzen wie Yucca- Palme, Aloe, Agave oder Bogenhanf als ungünstig, da diese Pflanzen durch die Form der Blätter abwehrende und „faß mich nicht an"-Energien auslösen und/ oder zum Ausdruck bringen. Deshalb ist zu empfehlen, diese Pflanzen nicht im Schlafbereich und innerhalb von Wohnbereichen möglichst weit entfernt von Sitzplätzen aufzustellen.

Bonsai:

Die aus Japan stammende Kunst, Pflanzen oder Bäume durch Zuschnitt im Wachstum zu hindern, können wir von zwei Seiten betrachten. Zum einen von der eher ungünstigen Seite, da durch diesen Vorgang das Chi der Pflanze in seiner Kraft und Vitalität stark gemindert scheint. Zum anderen der Umstand, daß sich die Pflanze trotz starker Widerstände und Eingriffe in ihrem vorgegebenen Plan arttypisch entwickelt.

Efeu:
Wegen seines Festhaltens und Anschmiegens der Ranken
verbindet er uns mit Freundschaft und ist Ausdruck von
Beständigkeit und Ausdauer.

Forsythie:
Einer der ersten blühenden Sträucher im Früh-
ling zeigt uns
Lebenskraft,
Optimismus und
Freude.

Fuchsie:
Ihre roten Blüten wirken wie kleine
leuchtende Laternen, die uns kräftigen-
des Yang vermitteln. Deshalb werden
sie gerne als Glückssymbol verwendet.

Geldbaum:
Die symbolstärkste Zimmerpflanze für
Reichtum und Wohlstand. Ihre runden
und fleischigen Blätter erinnern an
Münzen. Sie blüht erst nach ca. 10
Jahren und das nur bei bester Pflege,
doch dann soll der Geldsegen unbe-
grenzt fließen. Auch der Geldbaum
verbindet uns mit der Energie von
Ausdauer und Beständigkeit.

Hibiskus:
Seine überaus üppigen Blüten verbinden uns mit Fülle, Ruhm und Reichtum.

Kakteen:
Um zu überleben, müssen sich Kakteen durch ihre Stacheln oder Dornen vor unliebsamen, „lebensgefährdenden" Besuchern schützen. Sie zeigen damit Grenzen auf, und genau deshalb erinnern sie uns an die lebenswichtige Energie, „Nein" sagen und sich abgrenzen zu können. Ihre kräftigen, phantasievollen Blüten zeigen uns außerdem, welche Kraft und Schönheit im Unscheinbaren und Einfachen steckt.

Magnolie:
Ein Magnolienbaum im Vorgarten symbolisiert in China Zufriedenheit und Glück. Steht er allerdings hinter dem Haus, so verweist er auf „versteckte Juwelen" oder die stetige Anhäufung großen Vermögens.

Narzisse:
Wird in China als „Die Wasserunsterbliche" bezeichnet, und zum Neujahr zur Blüte gebracht. Sie ist ein Symbol für Glück im Neuen Jahr.

Zypresse:
Eine immergrüne Pflanze, die auch bei uns häufig als Grab-
bepflanzung zu finden ist. Da sie sehr alt werden und aufrecht wach-
sen, versinnbildlichen sie langes Leben und Erhabenheit

Harmonie in der Materie

Quadrat

Das Quadrat, auch als „Viereck" bezeichnet, ist ein geometrisches Symbol, das die Orientierung des Menschen im Raum ausdrückt. Gegenüber dem → *Kreis* beinhaltet das Quadrat ein Ordnungssystem, das dem Menschen angeboren zu sein scheint. So wie beim → *Kreuz* steht auch beim Quadrat der Wunsch im Vordergrund, sich in einer scheinbar chaotischen Welt durch Richtungen und Koordinaten zurechtzufinden, weshalb das Quadrat für die Erde und die Materie steht.

Die bekannte Formulierung „die Quadratur des Kreises" drückt den innigen Wunsch aus, die beiden Elemente Himmel und Erde zu einer harmonischen Verbindung zu führen. (Abb. links: gotisches Fenstermaßwerk)

Viele wichtige Bauwerke, wie Tempel und Paläste, wurden mit einem quadratischen Grundriß ausgeführt, und selbst Städte wurden schachbrettartig angelegt, um über sie eine bessere Kontrolle ausüben zu können, so z.B. Peking und Mannheim.

Im Feng Shui wird das Quadrat dem → *Element* Erde zugeordnet. Es steht für die Erde (Yin) und für den menschlichen Körper. Das Quadrat gilt als die ideale Grundrißform für Wohnungen und Häuser und vermittelt Ruhe, Geborgenheit und Stabilität.

Eine Besonderheit ist das → *„Magische Quadrat"*, welches in der westlichen und östlichen Zahlenmystik bekannt ist sowie im Feng Shui als Berechnungs- und Deutungsgrundlage Verwendung findet.

Anwendung:

· Als quadratische Blumenkübel vor der Eingangstür, um Ruhe auszustrahlen

· In Verbindung mit dem Kreis, um symbolisch Himmel und Erde, Yang und Yin darzustellen

· Als äußere Begrenzung eines Mandalas

Fruchtbarkeit und Heilung

Quelle

„Wo Baum und Quelle im Traume rauschen, da ist der Träumer
in der Nähe sicheren Lebens, da ist ein Jungbrunnen."
E. AEPPLI

Auf der ganzen Welt ist seit der Frühzeit die Verehrung von und an Quellen verbreitet. Sie galten als Stätte der Götter, denn sie waren der Ort, an dem das Göttliche aus der Erde hervorquoll und sichtbar wurde. An ihnen konnten unsere Vorfahren Verbindung mit der „Anderen Welt" aufnehmen. Die Götter wurden im Christentum dann durch Heilige ersetzt, und noch heute werden zu bestimmten Feiertagen oder Jahreszeitenfesten Quellen beispielsweise in einer Prozession aufgesucht. Auch unzählige der ältesten und bedeutendsten Kirchen des Christentums wurden über einer Quelle erbaut oder schließen eine mit ein, wie in Würzburg.

Die Quelle ist ein Geschenk der Erde, das Wasser birgt Fruchtbarkeit, Regenerationskraft und Heilung in sich, so daß es uns auch nicht verwundert, daß den Menschen viele Heilige an Quellen erschienen, die daraufhin zu Wallfahrtsorten wurden.

Bei den Griechen waren die Quellen weibliche Gottheiten und wurden als Spenderinnen der Fruchtbarkeit, als Heilgöttinnen und als Schutzgottheiten der Ehe verehrt. In der Bibel ist die Quelle das Symbol des ewigen, nie versiegenden Lebens, aber auch der Wiedergeburt.

Anwendung:
· Ein Quellstein in einem Zimmerbrunnen oder Gartenteich kann die Energie der Quelle deutlich machen

Ba Gua-Bereich:	Affirmation:
· Reichtum	Die Kraft der Quelle hilft mir, mich zu
· Eltern	regenerieren.
· Karriere	In mir ist eine nie versiegende Quelle von
	Lebenskraft.

Räuchern

Seit Urzeiten hat der Mensch im Zu-
sammenhang mit reinigenden und ritu-
ell-religiösen Zeremonien „Weih-Rauch"
in Form von Rinden, Harzen, Wurzeln,
Blättern oder Blüten verbrannt. Den
Göttern, die man sich im Himmel le-
bend vorstellte, wurde edelstes Räucherwerk geopfert. Aus den großen Räucher-
becken stieg der Rauch in dicken Schwa-
den langsam zum Himmel empor, bis
er schließlich die Schwelle der sichtbaren Welt überschritt, um im Jenseits
Gnade und Wohlwollen für die verschiedensten Anliegen zu erbitten. Seit jeher
war dieser duftende Rauch, der sich so
schnell wieder verflüchtigt, ein faszinie-
rendes Symbol für Leben, Tod und Trans-
zendenz.

In jüngster Zeit verschuf die Aroma-
therapie dem „Duft" mit seinem Einfluß
auf unsere Seele wieder eine Stellung in
unserem Alltag, und durch Feng Shui
erhält die Räucherung zur energetischen
Reinigung unserer Räume wieder eine
neue Bedeutung. Vor allem energetisch
stark belastete Räume, z.B. Krankenzimmer, Aufenthaltsorte von vielen
Menschen, Meditations- und Therapie-
zimmer, sollten täglich ausgeräuchert
werden (Räucherstäbchen).

Der spezielle Fachhandel (Duft-, Chi-
na- oder Esoterikläden) bietet ein um-

fangreiches Angebot an Räucherwerk. Zur Grundausrüstung gehören eine feuerfeste Räucherschale, Räucherkohle, eventuell Sand sowie die entsprechende Räuchermischung. Wird die starkriechende Kohle nicht vertragen oder erwünscht, so kann auch ein Stövchen mit einem entsprechenden Drahtaufsatz verwendet werden, bei dem ein Teelicht für die Hitze sorgt und das Räucherwerk langsam verbrennt.

Anwendung:
· Vor dem Einzug in eine neue/andere Wohnung oder Haus
· Nach Krankheit oder Streit
· Je nach eigenem Empfinden oder als regelmäßiges Ritual
· Täglich, als Unterstützung zur Meditation oder zur Entspannung

Affirmation:
Ich reinige meine Umgebung von allem, was nicht der Harmonie entspricht, und übergebe es der Wandlung des Lichtes.
Ich löse die Vergangenheit auf und lebe friedlich und freudig im Jetzt.
Ich entspanne und lasse das Leben mit Leichtigkeit durch mich fließen.

Reichtum

Regenbogen

Diese eindrucksvolle Himmelserscheinung, die Erde und Himmel zu verbinden scheint, ist in vielen Kulturen Sinnbild für göttliche Offenbarung. In der griechisch-römischen Mythologie ist Iris die Göttin des Regenbogens, eine Botin der Götter (siehe Abb. links). Die Regenbogenhaut des menschlichen Auges trägt heute noch ihren Namen.

In der christlichen Symbolik stehen die sieben Farben des Regenbogens für die sieben Sakramente und die sieben Gaben des Heiligen Geistes oder als Himmel und Erde versöhnendes Mariensymbol.

Im europäischen Volksglauben wird der Regenbogen oft als Ankündigung von künftigem Reichtum oder für das Finden eines Schatzes, dort, wo der Regenbogen die Erde berührt, gesehen. Frühgeschichtliche keltische Goldmünzen wurden auch als „Regenbogenschüsselchen" bezeichnet.

Anwendung:
· Als Wandmalerei in Wohn- oder Schlafbereichen, um die gesundheitsfördernden Kräfte der Regenbogenfarben wirken zu lassen

Ba Gua-Bereich:
Da alle Farben im Regenbogen enthalten sind, können alle Ba Gua-Bereiche damit aktiviert werden.

Affirmation:
Ich verbinde Himmel und Erde in mir und zentriere diese Kräfte in meiner Mitte

Ewige Liebe

Rose

In den Geschichten der Antike finden wir die Rose als das Symbol der über den Tod hinausreichenden Liebe und der Wiedergeburt.

Im Christentum hat sie die meisten und unterschiedlichsten Zuordnungen: Sinnbild des Blutes, das der Gekreuzigte vergossen hat, und daher auch für die himmlische Liebe; Verschwiegenheit – die fünfblättrige Rose wurde in die Verzierung der Beichtstühle geschnitzt; die weiße Rose, die Königin der Blumen, steht für die Himmelskönigin Maria und die Jungfräulichkeit. Im Mittelalter war das Tragen von Rosenkränzchen Jungfrauen vorbehalten.

In der Dichtung ist sie bis heute das Symbol der irdischen Liebe, und in der Alchemie wurden der roten und weißen Rose die Urprinzipien Sulphur und Mercurius zugeordnet, Sinnbilder der Dualität. Eine Rose mit sieben Ringen von Blütenblättern weist auf die sieben Metalle und ihre Entsprechungen in Form der Planeten hin.

Viele Logen übernahmen die Rose als geistiges Ausdruckssymbol, wie die Verbindung von Kreuz und fünfblättriger Rose bei den Rosenkreuzern. Die Freimaurer wählten sie als Symbol der Verschwiegenheit, Schönheit und Zierde und als Ausdruck von Licht, Liebe und Leben.

Anwendung:
· Als Blumenstrauß, um Zuneigung und Liebe auszudrücken
· Als Potpourri, um den Duft der Rosenblüten im Raum zu verteilen
· Als stilisiertes Symbol in der Wandborte im Schlafbereich

Ba Gua-Bereich:
· Ehe/Partnerschaft
· Ruhm (Rote Rosen)

Affirmation:
Ich bin bereit, mich der Liebe zu öffnen.

Schutz

Rosenkugel

Diese in den letzten Jahren wieder beliebter gewordene Dekoration für den Garten ist ein sehr wirksames Hilfsmittel im Feng Shui, mit dem schädliche Einflüsse (Sha Chi) aus der Umgebung abgewehrt oder förderliche Energie angezogen werden können.

Die aus farbigem Glas gefertigten Kugeln haben eine konvexe Spiegelwirkung, wodurch die ganze Umgebung reflektiert wird bzw. nährendes Chi aus dem Umfeld angezogen wird.

Anwendung:
· Innerhalb der Gartengestaltung, um gezielte Farbakzente zu setzen und dadurch den entsprechenden Bereich zu beleben.
· Innerhalb des Gartens oder im Blumenkasten/-kübel so plaziert, daß schädliche Einflüsse (Häuserkanten, Masten usw.) auf das Haus gemindert werden.
· Paarweise Anordnung (als Türwächter) am Gartentor oder vor der Haustür (auch im Blumenkübel), um förderliche Energie anzuziehen oder schädliche Einflüsse abzuwehren (siehe Abb. links).
· Zur Belebung und Stabilisierung des Zentrums eines Gartens.

Ba Gua-Bereich:
Alle Bereiche; Farbe der Rosenkugeln nach dem tatsächlichen oder nährenden → *Element* dieses Bereiches auswählen

Wichtig:
Immer darauf achten, daß die Rosenkugeln sauber sind, um die Wirkung beizubehalten.

Runen

Runen sind buchstabenartige
Zeichen altnordischer Herkunft.
Ihr Ursprung wird von vielen
Forschern sogar in das sagenum-
wobene Atlantis zurückgeführt:
Runen und runenähnliche In-
schriften auf Felsbildern, in Dol-
men, auf Waffen und Geschmei-
de geritzt, finden wir auch in süd-
lichen Landstrichen, in Frankreich, Portugal, auf Kreta, sogar
im fernen Indien und im nördli-
chen China. Das Alter der auf-
schlußreichen Funde wird auf
fünf- bis zehntausend Jahre und
mehr geschätzt.

Ihre Anwendung als Orakel
reicht vermutlich bis zu Christi
Geburt zurück und erst im frü-
hen Mittelalter wurden Runen in
Skandinavien und Jütland
schriftartig gebraucht. Doch als
einfache Buchstaben scheinen sie
ihren eigentlichen Zweck voll-
kommen verfehlt zu haben, denn
sie dürften ursprünglich rein rituellen Zwecken gedient haben.

Dem Einzelsymbol werden
magische Kraftimpulse zugesprochen, und die Runen selber stehen mit transzendenten Kraftfel-
dern, mit kosmischen Ideen-

Rune	Name	Bedeutung*
ᚠ	Fa	Lenkung
ᚢ	Ur	Erfaßtes
ᚦ	Thorn	Ziel
ᚨ	Os, Othil	Gebotenes
ᚱ	Rit	Verfließendes
ᚴ	Kun	Bestehendes
ᚼ	Hagal	Ewiger Wechsel
ᚾ	Not	Trennung
ᛁ	Is	Lauf
ᛅ	Ar	Wandlung
ᛋ	Sig	Wille
ᛏ	Tyr	Erregung
ᛒ	Bar	Befruchtung
ᛚ	Laf	Bestimmung
ᛘ	Man	Trieb
ᛦ	Yr	Vollendung
ᛂ	Eh	Vereinigung
ᛯ	Gibor	Erfüllung

*nach Dr. Ing. Fr. Teltscher

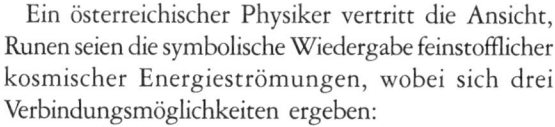

mächten in enger Beziehung. „Durch inneres Erleben
klingen die Tongewalten des Weltalls mit, die in den
Rhythmen der Runen schwingen" (Karl Spiesberger).
Durch die Christianisierung wurden die Runen mit
der altheidnischen Religion in Verbindung gebracht,
deshalb verdrängt, verpönt und schließlich verboten und
verbrannt, womit unersetzliche Überlieferungen zerstört
wurden. Nur durch mündliche Überlieferungen rette-
ten germanische Priester und Seherinnen durch die Jahr-
hunderte hindurch dieses „geheime Wissen". Und da
die Runen später als Symbole faschistischer Verbindun-
gen verwendet und damit mit politischen Symbolen
gleichgesetzt wurden, konnten sie bis heute noch nicht
den ihnen gebührenden Platz wieder einnehmen.

Maueranker
„deutscher Mann"

Ein österreichischer Physiker vertritt die Ansicht,
Runen seien die symbolische Wiedergabe feinstofflicher
kosmischer Energieströmungen, wobei sich drei
Verbindungsmöglichkeiten ergeben:
· Der senkrechte Energiestrom, ausgedrückt durch die
  senkrechten Runenstriche, vor allem durch die Is-
  Rune;
· Die Verbindung zweier sich kreuzender Energie-
  ströme, wie bei der Eh-Rune und Not-Rune;
· Das Zusammenfließen dreier Energieströme, wie es
  die Hagal-Rune zeigt.

Durch Hagal
entstehende
Spannkräfte im
Hexagramm

An diese „Grund-Energieströme" lagern sich gewis-
se Nebenströme an, ausgedrückt durch Halbstriche,
wie bei der Fa-, Ka- und Laf-Rune.

Anwendung:
· Als Schutz- oder Kraftsymbol in der Türschwelle oder
  im Türstock
· Als Gestaltungsaspekt im Firmenlogo oder Famili-
  enwappen

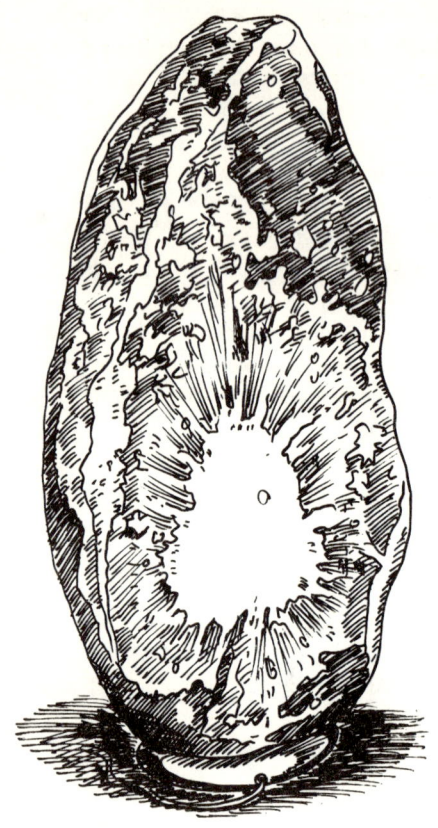

Salzkristall-Lampen

Die Salzkristall-Lampen bestehen aus Steinsalz, das vor etwa 250 Millionen Jahren entstanden ist. Das Steinsalz ist ein farbloses oder durch Eisenoxid rotes bis gelbes Mineral, überwiegend bestehend aus Natriumchlorid und geringen Mengen an Kaliumchlorid.

Durch die Beleuchtung (Kerze oder Strom) werden vermehrt lebenswichtige Negativ-Ionen an die Raumluft abgegeben, und die rechtszirkulierende bioenergetische Schwingung, die ausgestrahlt wird, verbreitet eine energetisierende Wirkung. Die bei Betrieb entstehenden Farbschwingungen (rot, gelb oder orange, auch weiß) verstärken die aufbauende und wohltuende Wirkung. Der Wirkungskreis einer Salzkristall-Lampe beträgt je nach Größe mehrere Meter, der sich, ist die Lampe eingeschaltet verdoppelt.

Da sich der Mensch in unserer heutigen Zeit überwiegend in Räumen (Wohnung, Arbeit) aufhält, wirkt sich das dort befindliche Raumklima sehr stark auf sein Empfinden aus. Durch wissenschaftliche Untersuchungen wurde festgestellt, daß die lebenswichtigen Negativ-Ionen in geschlossenen Räumen, vor allem auch durch Elektrogeräte (Fernseher, Radio, Computer, Mobiltelephon) stark reduziert werden, was schlech-

tes Befinden, wie Müdigkeit, Konzentrationsschwäche und Niederge-
schlagenheit, also eine Schwächung der körperlichen und psychischen
Leistungsfähigkeit mit sich bringt.

Anwendung:

· In Wohn- und Schlafräumen, um den Raum mit Negativ-Ionen anzu-
reichern bzw. zur wirkungsvollen Dekoration
· In Büro- und Arbeitsräumen, um den Positiv-Ionen-Überschuß (ver-
ursacht durch technische Geräte) auszugleichen
· In Arzt- und Heilpraktikerpraxen oder ähnlichem, um eine angeneh-
me und aufbauende Atmosphäre zu schaffen
· Im Krankenzimmer, um den Heilungsprozeß zu unterstützen
· Zum Abschirmen der linkszirkularen Energiefelder von Fernsehgerä-
ten und Computern

Ba Gua-Bereich:

· Wissen (gelb, orange, weiß)
· Partnerschaft (gelb, orange, weiß)
· Ruhm (rot)

Affirmation:

Ich reinige alle Ebenen von störenden Energien, damit ich gesund
bleibe/gesunde an Körper, Geist und Seele.

Vergänglichkeit und Leichtigkeit des Seins

Schmetterling

Wegen seiner Wandlungsfähigkeit wurde der Schmetterling schon in der griechisch-römischen Antike als Symbol für die unsterbliche Seele (griech. Psyche – die Göttin „Psyche" wird auf Kunstwerken meist mit Schmetterlingsflügeln abgebildet) angesehen.

Seine „Flatterhaftigkeit" verbindet ihn auch mit Wesen der anderen Ebenen, die elfenartigen Wesen, Traumgestalten und Phantasiefiguren, die oft mit Schmetterlingsflügeln abgebildet werden. Er fordert uns Menschen auf, uns mit dem Augenblick zu verbinden, und macht uns die Vergänglichkeit von Freude und Genuß bewußt. Er verbindet uns mit der Leichtigkeit des Seins.

In der Traumdeutung zeigt sich der Schmetterling als Symbol der Metamorphose (Verwandlung/Entwicklung), die der Mensch zu durchlaufen hat, will er zu seinem geistigen Ursprung zurückkehren.

Anwendung:
· Als Mobile, um den Chi-Fluß zu aktivieren
· Als Seidenschmetterling zur Dekoration in Blumengestecken
· Als Skulptur aus Holz mit Magnet, erhältlich mit oder ohne Klangspiel, zum Befestigen z.B. auf einer Tür

Ba Gua-Bereich:
· Ruhm

Affirmation:
Ich verbinde mich mit der Leichtigkeit des Seins.

Spiegel

Der alte Volksglaube in China besagt, daß ein Spiegel die Geister sichtbar macht. Noch heute gibt es sogenannte Zauberspiegel (magische Spiegel), auf deren Rückseite mystische Symbole erscheinen, wenn sie in einem bestimmten Winkel betrachtet werden. Buddhistische Mönche setzen den Zauberspiegel ein, um Gläubigen zu zeigen, in welcher Gestalt sie wiedergeboren werden, und auch in unserer Kultur symbolisierte ein Spiegel Eheglück und, war er zerbrochen, Trennung und Scheidung.

Waren die Spiegel früher aus poliertem Messing oder Silber, so finden heute fast ausschließlich Glasspiegel Verwendung. Dabei ist jedoch zu beachten – wie dies bei allen Hilfsmitteln der Fall ist – daß auch der Spiegel seine „Kehrseite" besitzt. So kann ein ungünstig plazierter Spiegel durchaus schädliches Chi anziehen oder ein zu groß gewählter Spiegel positives Chi wieder zurückwerfen.

Das Hauptanwendungsgebiet eines Spiegels liegt in der Beeinflussung des Chi-Flusses. Da er das Chi reflektiert, kann es durch die gezielte Ausrichtung des Spiegels in die unbelebten Ecken eines Raumes geleitet werden, um diese zu aktivieren. Ganz gleich wo ein Spiegel hängt oder wie er ausgerichtet ist, in jedem Fall beeinflußt, lenkt oder verstärkt er den Chi-Fluß. Daher sollte in einem Schlafzimmer auf einen Spiegel möglichst verzichtet werden, um hier eine ruhige Atmosphäre zu erhalten.

Da die Anwendung der Spiegel sehr umfangreich ist, haben wir eine Aufteilung nach der gewünschten Wirkungsweise vorgenommen:

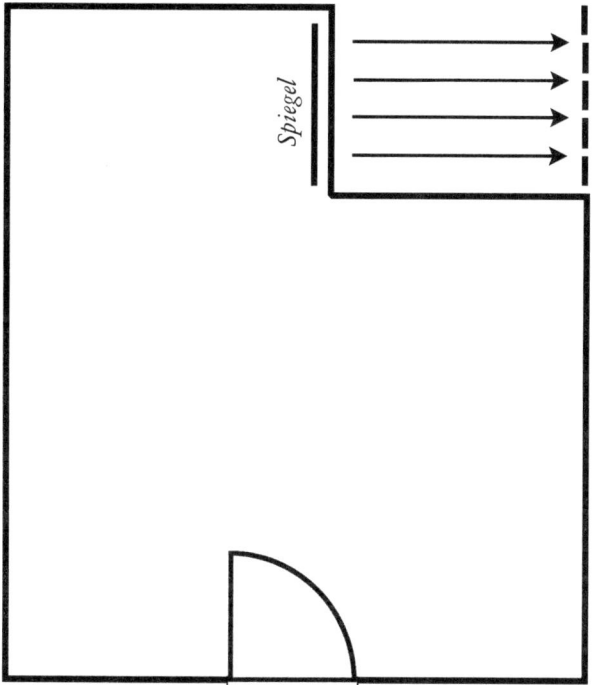

Spiegel

1. Ausgleich von Fehlbereichen

Durch die moderne und verwinkelte Bauweise entstehen häufig Fehlbereiche, die die Harmonie der Bewohner beeinträchtigen. Mit einem Spiegel haben wir die Möglichkeit, Räume zu öffnen bzw. zu vergrößern. Im Feng Shui wird dieser Effekt dazu genutzt, um Fehlbereiche auszugleichen.

Bei einem L-förmigen Raum ist dabei ein größerer Spiegel auf die Wand zum Fehlbereich zu montieren. Durch die „Tiefenwirkung" wird nun die Wand symbolisch aufgelöst und der Fehlbereich ist zugänglich.

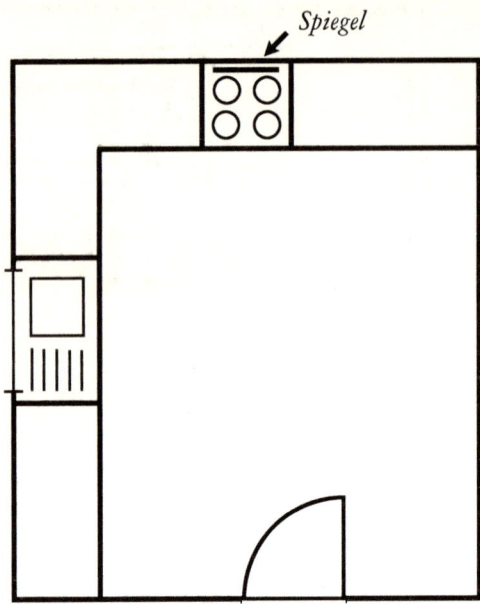

Spiegel

2. Als Rückspiegel (zur Kontrolle)

Falls jemand mit dem Rücken zur Tür oder zum Raum am Schreibtisch sitzt oder beim Kochen mit dem Rücken zur Tür steht, so reagiert ihr Unterbewußtsein mit dem Gefühl „ich bin ungeschützt" und empfindet diesen Platz als unangenehm. Dies hat häufig zur Folge, daß die Konzentrationsfähigkeit bei der Arbeit oder beim Studium stark nachläßt oder das Essen nicht immer gelingen mag.

Sollte ein Umstellen der Möbel nicht möglich sein, und zwar so, daß der-/diejenige die Tür im Blick hat und der Rücken geschützt ist, dann schafft ein kleiner „Rückspiegel" am Schreibtisch oder über dem Herd Abhilfe. Ähnlich wie beim Auto verleiht er mehr Übersicht und Kontrolle. Die Auswahl des richtigen „Rückspiegels" kann ganz individuell vorgenommen werden. Briefbeschwerer mit einer glänzenden Oberfläche oder ein Standbild mit reflektierendem Bilderrahmen wären eine eher unauffällige Lösung zur Kontrolle z.B. für den Schreibtisch.

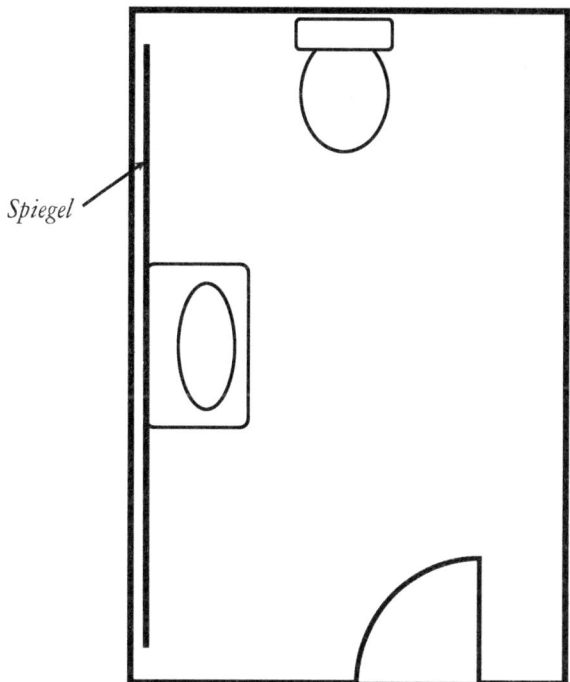

Spiegel

3. Vergrößerung von Räumen

Kleine Bäder oder Toiletten stellen oft ein Problem dar, und das verstärkt, wenn darin kein Fenster ist und dadurch der Energiefluß stagniert. Wird eine Wand mit einem großen Spiegel versehen, so erscheint dieser Raum doppelt so groß und wirkt offen und frei. Der Chi-Fluß wird angeregt und der Raum belebt und zugänglich.

153

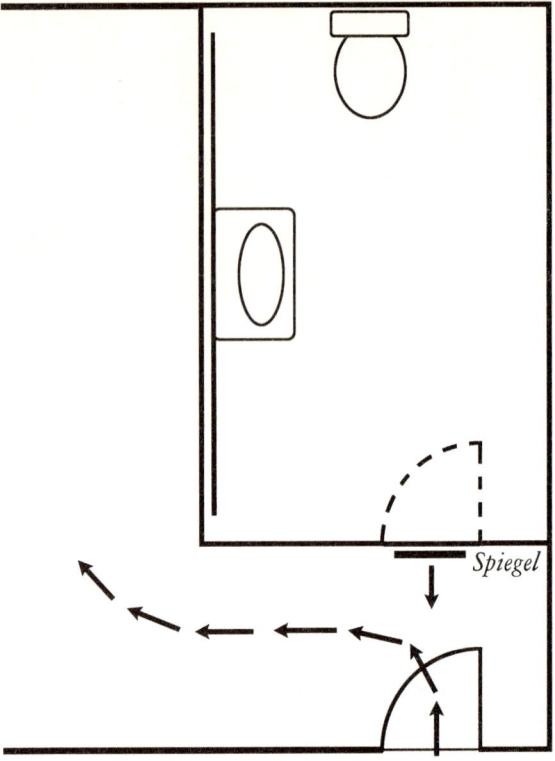

Spiegel

4. Versiegeln einer Tür

Oft befinden sich Nebenräume wie Bad, Toilette oder Abstellraum unmittelbar neben oder gegenüber der Eingangstür. Diese Situation bewirkt, daß es hier zu starken Energieverlusten kommen kann und die Wohnung oder das Haus energetisch unterversorgt ist. Als Schutz dienen kleine Spiegel, die in Blickhöhe von außen auf die Tür angebracht werden, um den Chi-Fluß zu lenken, bzw. davon abzuhalten, über die Tür zu entweichen. Neben dem klassischen Spiegel sind auch glänzende Türschilder oder goldene Sonnenspiegel als Schutzsymbol geeignet.

5. Ausgleich von versetzten Türöffnungen

Versetzt gegenüberliegende Türen gelten im Feng Shui als ungünstig, da sie sich gegenseitig „spalten". Abhilfe bringen hier zwei schmale Spiegel, die jeweils seitlich an der Tür montiert werden, um die Spannung auszugleichen und den Chi-Fluß zu lenken.

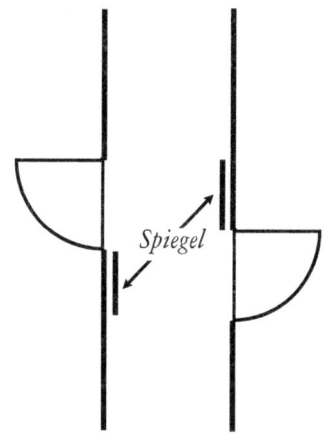

6. Verdoppelung

Spiegel reflektieren alles in ihrer Umgebung, das kommt einer Verdoppelung gleich. Dieser Effekt wird genutzt, um mehr Fülle und Wohlstand zu bewirken.

In der Küche versinnbildlicht der Herd die Finanzen des Haushalts. Spiegel hinter oder neben dem Herd angebracht, sollen den Wohlstand verdoppeln. Diese Spiegel können gleichzeitig als Rückspiegel genutzt werden, falls man mit dem Rücken zur Tür steht.

In der Geschäftswelt ist es üblich, neben, hinter oder in der Kasse einen Spiegel anzubringen, um so anzudeuten, daß jeder Geldschein, der in die Kasse kommt oder sich darin befindet, verdoppelt wird.

Wichtig:
· Die regelmäßige Reinigung der Spiegel ist notwendig, damit sie nur "reine" Energie spiegeln.
· Keine Spiegel im Schlafbereich, um die Nachtruhe nicht zu stören.
· Ankleidespiegel sollten nicht unterteilt sein, damit das eigene Spiegelbild nicht geteilt wird. Gleiches gilt auch für den Badspiegel.
· Die Größe der Spiegel ist nach der jeweiligen Situation zu bestimmen.

Entwicklung und Rückzug

Spirale

Die Spirale ist ein sehr altes und weitverbreitetes Symbol, eng verwandt mit dem Kreis. Ihre Dynamik drückt, je nach Betrachtungsweise, die Kraft des „Zusammenballens" oder des „Entwickelns" aus, wobei die Bewegung entweder zur Mitte, dem Zentrum, hin- oder daraus herausführt. Wie das klassische → *Labyrinth* verbindet die einfache Spirale uns mit dem ewigen Fluß des Lebens. Häufig finden wir dieses Motiv in Form von geritzten Bildern an Steinblöcken vorgeschichtlicher Megalith-Grabbauten. Eine mögliche Erklärung hierzu ist, daß die Spiralen durch gezielt angelegte Spalten in den Bauwerken von Sonnenstrahlen berührt und durchschnitten wurden, und zwar genau an den Sonnwendtagen. Dies mag ein Ausdruck von „Sterben und Auferstehung" sein.

Durch die Geomantie wissen wir, daß Spiralen ein pulsierendes und wellenartiges Energiefeld besitzen, das teilweise im Gartenbau gezielt genutzt wird, denn spiralförmige Beete bringen nachweislich einen größeren Ertrag als rechteckige. Diese Aspekte lassen sich unter anderem damit erklären, daß unsere gesamte Welt aus Spiralformen besteht. Betrachten wir den Kosmos, so sehen wir spiralförmige Galaxien, die Wolken und die Meere ziehen in Spiralen ihren Weg, selbst Muscheln und Schnecken wohnen in einem spiralförmigen „Haus".

Die Kraft und die Symbolik der Spirale ist im westlichen Feng Shui ein zugängliches Hilfsmittel, um so den Makrokosmos auf Erden darzustellen.

Anwendung:

· Im Garten als Kräuterspirale
· Vor dem Haus als Sammelplatz der Energie in Form eines Pflastermosaiks
· Innerhalb des Hauses in dessen Zentrum (Mitte) zur Sammlung der kosmischen Kräfte

Ba Gua-Bereich:

· Tai Chi (Zentrum)

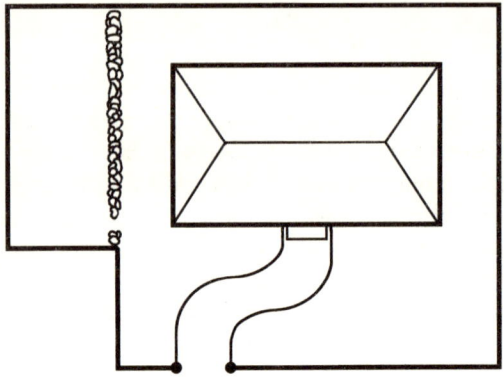

Steine

Im Feng Shui werden Steine dem → *Element* Erde zugeordnet, wobei schroffe Steine Yang- und abgerundete, glatte Steine Yin-Dynamik verkörpern. Sie stehen damit für Ruhe, Stabilität und Sicherheit. Größere Steine oder Felsen dienen in der Form eines Hügels oder Berges hinter dem Haus als Rückendeckung. Dadurch erhält das Haus einen stabilen und soliden Charakter, was Erfolg verspricht. Dabei ist jedoch darauf zu achten, daß die Steine nicht bedrohlich wirken und in ihnen keine bösen Gesichter oder Fratzen zu erkennen sind.

Bei der Gestaltung eines → *Teiches* oder größeren → *Zimmerbrunnens,* wirkt ein sichtbarer Stein innerhalb der Wasserfläche (Yin) als Yang-Ausgleich und führt somit zur Harmonie von Yin und Yang.

Innerhalb der Gartengestaltung sowie innerhalb der Räumlichkeiten werden Steine dazu verwendet, Ruhe und Geborgenheit zu vermitteln und auch, um den Energiefluß, falls nötig, zu bremsen, zu lenken oder zu sammeln.

Polierte Steinplatten als Bodenbelag, wie Granit oder Marmor, beschleunigen den Chi-Fluß und sorgen so für Dynamik. Deshalb eignen sie sich besonders für Badezimmer und Vorratsräume, jedoch nicht für ein Schlafzimmer.

Anwendung:
· Um unregelmäßige Grundstücksgrundrisse auszugleichen, indem die Fehlbereiche mit Steinen abgegrenzt werden (siehe Abb. links)
· Um bei abschüssigen Grundstücken (Hanglage) die Energie auf dem Grundstück zu halten
· Als Ausgleich einer unausgewogenen Grundstücksbebauung, als Gegenpol, ähnlich einer Waage (siehe Abb. unten)
· Größere Einzelsteine beidseitig des Einganges, um das Haus oder das Grundstück zu schützen bzw. gegenüber der Umgebung abzugrenzen.
· Mehrere Steine dekorativ als Symbol von Ruhe und Geborgenheit innerhalb der Wohnung plazieren.
· Zur Stabilisierung und Zentrierung des Zentrums

Ba Gua-Bereich:
· Wissen
· Ehe/Partnerschaft
· Zentrum

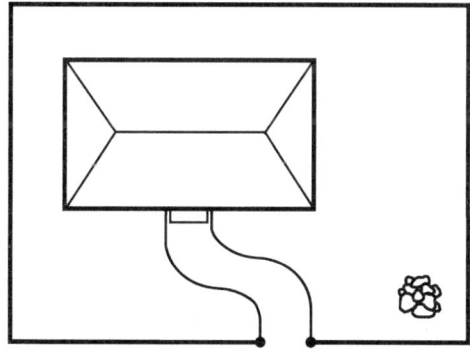

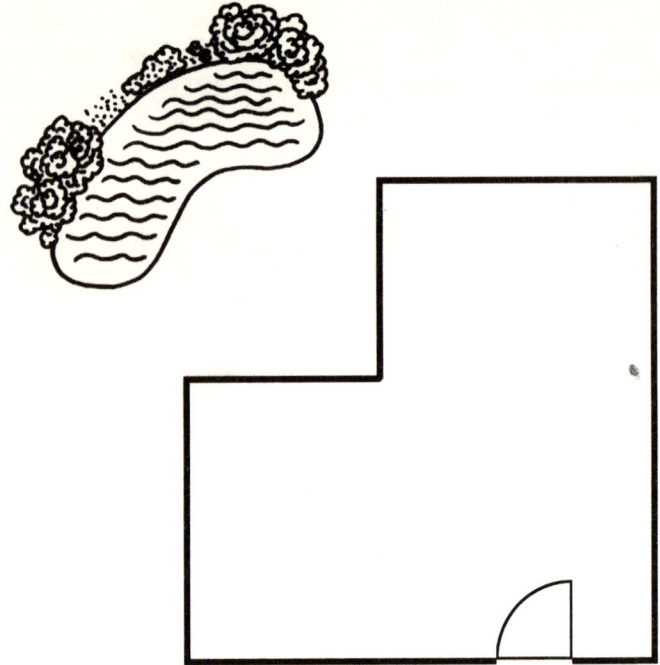

Gartenteich zum Ausgleich eines Fehlbereiches am Haus

Teich

Ein Teich im Garten vertritt das → *Element* Wasser und soll als hoch-wirksames Feng Shui-Symbol den Bewohnern Reichtum und Wohlstand bringen. Befinden sich im Teich zusätzlich Fische, so gilt dies als einer der stärksten Glücksbringer.

Bei der Gestaltung eines Teiches sollten folgende Merkmale beachtet werden:

· Man sollte sich im Klaren sein, daß ein Teich Pflege und deshalb Zeit erfordert. Haben Sie diese Zeit nicht, sollten Sie auf einen Teich ver-

zichten, denn trübes oder brackiges Wasser zieht Unglück sowie finanzielle und gesundheitliche Probleme an.

· Größe und Lage des Teiches sollten sich harmonisch in die Umgebung
einfügen, dabei sollte die Größe weder zu klein noch zu groß gewählt
werden, maximal aber die Fläche des Hauses bedecken.

· Eine natürliche oder runde Formgebung ist zu bevorzugen. Sehr positiv wirkt sich die Nierenform aus, die das Haus symbolisch umarmt.

· Damit das ökologische Gleichgewicht im Teich aufrechterhalten bleibt,
statten Sie diesen mit Wasserpflanzen, Gräsern und eventuell Fischen
aus. Dadurch wird gewährleistet, daß das Wasser frisch und sauber
bleibt.

· Ein Quellstein erzeugt leise plätscherndes Wasser, was beruhigend und
ausgleichend wirkt.

· Ein Springbrunnen belebt und wirkt anregend, besonders wenn dieser zusätzlich beleuchtet wird.

Anwendung:
· Um das → *Element* Wasser in der Umgebung und auf dem Grund-
stück zu stärken
· Als Symbol für Reichtum und Wohlstand
· Als möglicher Ausgleich von Yin (ruhiger Teich) oder Yang (Teich mit
Springbrunnen)
· Innerhalb der Gartengestaltung, zum Ausgleich eines Fehlbereiches
am Haus, z.B. Reichtum.

Ba Gua-Bereich:
· Reichtum
· Karriere (mit fließendem Wasser)

Wichtig:
· Das Wasser im Teich sollte rein und sauber sein
· Keinen Teich rechts vor der Haustür anlegen (von innen nach außen
gesehen)

Schutz und Trennung

Tor

Ein Tor oder eine Tür laden immer dazu ein, sie zu durchschreiten. Sie dienen in Form eines Gartentores, Haustür, Tempeltor, Stadttor als Schranke, Schutz oder Hindernis oder aber auch als Himmelspforte oder Grabeingang. Symbolisch ist ein Tor ein Übergang, eine Schwelle zwischen zwei Bereichen, zwischen zwei Welten, dem Außen und Innen, dem Bekannten und Unbekannten, dem Diesseits und Jenseits.

Die Gestaltung der Tore und Türen erfolgte oft in monumentaler Ausführung und geschmückt mit vielen einfallsreichen, symbolhaften Details. Die Eingänge der asiatischen Tempel werden z.B. mit grimmig blickenden Türwächtern, meistens Löwen, ausgestattet, um nur den Würdigen Zugang zu gewähren und das Böse zurückzuweisen.

Im Feng Shui ist in der Regel die Haus- und Wohnungstür oder das Gartentor der Übergang vom öffentlichen zum privaten Bereich und somit die Grenze von Außen nach Innen. Diese sollte daher einen besonders schützenden und stabilen Eindruck machen, sowie problemlos zu öffnen oder zu schließen sein.

In der Gartengestaltung können die unterschiedlichsten Nutzungsbereiche (z.B. Nutz- und Ziergarten) durch einen Rosenbogen als Torsymbol optisch voneinander getrennt werden. Selbst als „offener" Grundstückseingang ist ein großzügig gestalteter Rosenbogen ein ausreichender Schutz.

Anwendung:
· Grenze zwischen zwei Bereichen
· Als geschützter Eingangsbereich
· Als Rosenbogen in der Gartengestaltung

Wichtig:
Ein Tor oder eine Tür sollte einen sicheren und stabilen Eindruck hervorrufen

Affirmation:
Das Tor bietet mir Einlaß und Schutz.

Ruhm, Ehre, Freude

Türkranz

Der Kranz ist ein kreisrundes Laub- und/oder Blumengebinde aus natürlichen und/oder künstlichen Materialien, das zusätzlich mit verschiedenen Dekorationen geschmückt werden kann (Schleifen, bunte Bänder, Kugeln etc.).

In der Antike wurde damit das Sinnbild des Ringes mit jener der pflanzlichen Lebenskraft verbunden. Im einzelnen kennen wir Siegeskränze, Brautkränze, Ehrenkränze oder Tempelkränze. Sie gelten als Zeichen für Ruhm, Ehre und Freude. Nach antikem Volksglauben soll ein Kranz aus Efeulaub vor Trunkenheit schützen (siehe Abbildungen des bekränzten Dionysos, Gott des Weines). Heute werden bei Kirchenfesten oft die Gotteshäuser durch Kränze aus Reisig und Blüten geschmückt – Symbol des ewigen Lebens, der Auferstehung und der Freude.

Im westlichen Feng Shui eignet sich der Kranz hervorragend für die Gestaltung der Tür. Durch die entsprechende Auswahl der Materialien und des dekorativen Zubehörs kann die Symbolkraft gezielt gestaltet werden. So symbolisiert ein Türkranz aus Buchsbaum langes Leben und schützt das Haus vor bösen Geistern. Werden in den Kranz noch reflektierende Bänder eingeflochten, so kann dieser vor schädlichen Einflüssen (Sha-Chi) schützen.

Bei der Gestaltung des Türkranzes sollte darauf geachtet werden, daß dieser einen vollen und fröhlichen Ausdruck vermittelt. Sollte er trostlos oder drückend wirken, ist er zu erneuern oder gegen einen neuen auszuwechseln. Er kann auch den Jahreszeiten angepaßt werden.

Anwendung:
· Als Schutzsymbol für die Haustür
· Als Hochzeitssymbol mit Efeu gebunden, der Pflanze für Treue und Freundschaft

Affirmation:
Ich fühle mich geschützt und geborgen

Wasser

Wasser (Shui), in Form von Bächen, Flüssen, Seen, Teichen und Meeren, ist ein elementarer Bestandteil unseres Lebens. Bereits seit Urzeiten ist uns die Energie des Wassers als lebenswichtig, nicht nur für den Körper, sondern auch für Geist und Seele, bekannt. Im Feng Shui ist es die Grundlage dafür, daß die Bewohner eines Hauses Glück erfahren, im Besonderen, wenn der Hauseingang auf reines Wasser weist, das in die richtige Richtung fließt (siehe übernächster Absatz).

Alle wichtigen und mächtigen Städte dieser Welt sind in der Nähe des Wassers gegründet worden: Einerseits gewann man daraus die tägliche Wasserversorgung und Nahrung, andererseits wurde es als Transportweg genutzt, auf dem Handel getrieben wurde. Wasser wird deshalb im Feng Shui auch mit Reichtum und Wohlstand in Verbindung gebracht.

Zu beachten ist, daß die Lage eines Hauses gegenüber von Wasser und die Qualität und Dynamik des Wassers selbst günstigen Voraussetzungen unterliegen sollten. So sollte das Haus nicht zu nah am Wasser stehen, um vor Überschwemmungen geschützt zu sein. Wird das Haus vom Wasser, das sehr schnell und direkt darauf zufließt, bedroht, oder fließt das Wasser vom Haus weg, so gilt dies als ungünstig. Weiterhin muß es sauber, frisch und frei von chemischen Belastungen sein, denn verschmutztes Wasser blockiert den Chi-Fluß.

Als die weibliche Urenergie wird Wasser zunächst dem Yin-Prinzip zugeordnet, was in einem See oder ruhigen → *Teich* zum Ausdruck kommt. Fließendes Wasser besitzt mehr Yang-Energie als ein ruhendes Gewässer, und ein Wasserfall kann die Umgebung mit seinem kräftigen Chi versorgen.

Wie das Wasser im Feng Shui wirksam eingesetzt wird, läßt sich mit Wasserformel und Kompaß bestimmen. Über die Wasserformel wird die Lage des Wasserelementes – egal ob es sich dabei um einen Teich, Brunnen oder Wasserfall handelt – gegenüber dem Haus bestimmt, um so den glückbringenden Einfluß des Wassers zu nutzen. Nach dem tausendjährigen chinesischen Kalender gelten für die derzeitige Periode (bis 2003) und die nächste Periode (2004 bis 2023) folgende Himmelsrichtungen für die Plazierung eines Gartenteiches als günstig: Norden, Südwesten, Osten und Südosten.

Möchte man das Wasserelement im Garten einbringen, so kann dies in Form eines → *Teiches*, Springbrunnens oder Wasserfalls erreicht werden. Bei der Gestaltung kann man seiner Phantasie und Kreativität freien Lauf lassen. Bei der Größe sollte man die kraftvolle Wirkung harmonischer Maße verwenden und Länge, Breite und Tiefe bzw. Höhe danach abstimmen. Grundsätzlich gelten abgerundete, ovale oder kreisrunde Formen als positiv, während Kanten und Ecken zu vermeiden sind. Die Größe des Wasserelementes sollte mit den Proportionen des Hauses und des Grundstückes abgestimmt werden. Ist z.B. der angelegte Teich oder Wasserfall zu groß, so wirkt das Haus kleiner und das Wasser erdrückt dieses mit seiner Kraft, statt es zu nähren.

Die Fließrichtung des Wassers sollte sanft zum Haus hin erfolgen, um den Energiefluß zum Haus auszurichten. Bereits ein kleiner Wasserlauf in einem Teich kann die gewünschte Wirkung erzielen.

Das Trigramm „Das Abgründige" wird im Feng Shui durch das Wasser ausgedrückt, das die Himmelsrichtung Norden, die Farben Blau und Schwarz sowie Nacht und Winter symbolisiert.

Die 3 glückverheißenden Wasser

1. Wasser fließt breit und langsam auf das Haus zu, an der Vorderseite vorbei und wird hinter dem Haus schmäler.

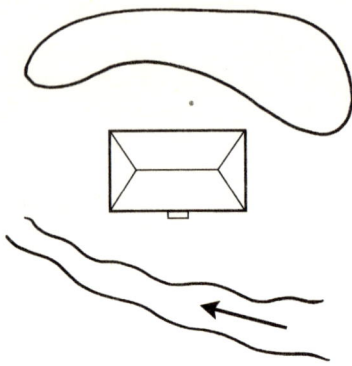

2. Das Wasser fließt aus drei Richtungen auf das Haus zu und sammelt sich auf der Vorderseite des Hauses.

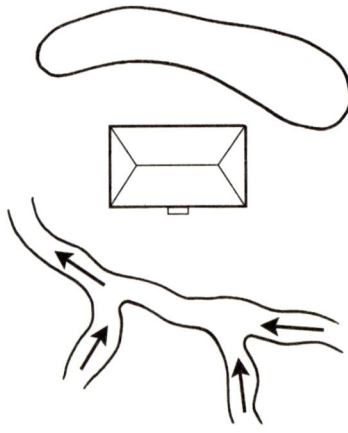

3. Das Wasser umströmt das Haus wie ein „Jadegürtel" in der Formation des „idealen Standortes". Die → *Schildkröte*, der → *Tiger* und der → *Drache* erscheinen im Gelände (siehe Bradler/Scheiner: „Feng Shui Symbole des Ostens").

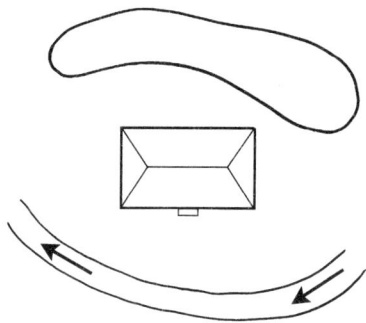

Anwendung:
· In Form eines Teiches oder Wasserlaufes bei der Gartengestaltung
· Als Springbrunnen vor dem Hauseingang, um den Chi-Fluß zu aktivieren
· Als → *Zimmerbrunnen* oder → *Aquarium* innerhalb des Hauses

Ba Gua-Bereich:
· Reichtum
· Eltern
· Karriere

Wichtig:
· Das Wasser muß immer rein und sauber sein, um so den Energiefluß zu unterstützen

Aktivierung und Vitalisierung

Wasserfall-Poster

→ *Wasser*, eines der wichtigsten Elemente unseres Planeten, hat die intensivste, vitalisierendste Energie. Es vermittelt Fließen, Bewegung, Stärke und Kraft. Abbildungen von Wasser in Bewegung, Wasserfällen, Flüssen, Meeresbrandung, Bächen usw. beleben und vitalisieren die Raumenergie und unsere Lebensdynamik. So kann sich ein Wasserfall-

Poster auf unser gesamtes Verhalten, wie Kommunikation, Geselligkeit und soziale Umgangsweisen, auswirken.

Untersuchungen geben darüber Aufschluß, daß Bilder oder Poster Informationen weitergeben. Dabei ist es unwichtig, ob wir die Abbildung bewußt oder unbewußt wahrnehmen. Je nach Motiv senken oder steigern sie unser Wohlbefinden und damit unsere Lebensenergie, unser Chi. So ist bei der Auswahl eines Wasserfall-Posters darauf zu achten, daß der Wasserlauf symbolisch aus dem Bild herausfließt, um die Kraft nutzen zu können. In die Ferne verschwindende Fluß- oder Bachläufe ziehen die Energie aus dem Raum ab und schwächen damit unser Wohlbefinden.

Um jedoch nicht zuviel Wasserenergie zu aktivieren und damit ein Übermaß zu erreichen, sind Poster in Verbindung mit Wald, Steinen und viel Grün am günstigsten. Es ist jedoch immer darauf zu achten, daß jeder Mensch seine eigene Dynamik besitzt und damit auch unterschiedliche Motive benötigt.

Da das Wasser im Feng Shui mit Geld und Reichtum verknüpft wird, ist es sehr beliebt, ein Wasserfall-Poster zur Unterstützung des „Geldflusses" zu verwenden.

Anwendung:
· Um den Energiefluß im Raum zu beleben
· Um Vitalität und Dynamik zu erzeugen
· Liegt der Eingang im Bereich Karriere, so kann mit einem Wasserfall-Poster der Energiefluß unterstützt werden
· Innerhalb eines Konferenzraumes kann die Abbildung eines sanften Wasserfalls oder Bachlaufes die Kommunikation günstig beeinflussen

Ba Gua-Bereich:
· Reichtum
· Karriere
· Eltern

Affirmation:
Die Vitalität und Dynamik des Wassers steht mir jederzeit zur Verfügung

Energiesteigerung

Windrad/Windsack

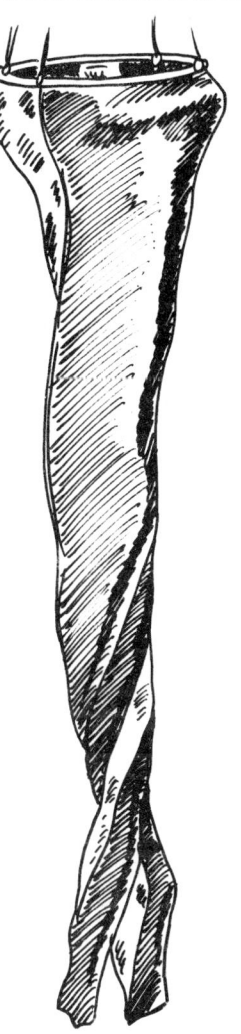

Sie sind besonders für den Außenbereich geeignet, sei es im Garten, auf dem Balkon oder auf der Terrasse. Durch ihre ständige Bewegung, auch bei leichtem Wind, wird die Aufmerksamkeit (Energie) angezogen. Dementsprechend wirken Windräder/Windsäcke aktivierend und belebend. Weiterhin sind sie ein Symbol für Dynamik und Frische.

Moderne Ausführungen sind aus wetterfesten und lichtbeständigen Materialien gefertigt, und können deshalb ganzjährig verwendet werden.

Anwendung:
· Auf Balkon oder Terrasse, um Fehlbereiche auszugleichen
· Im Garten, um die gewünschte Ba Gua-Zone zu aktivieren
· Im Eingangsbereich, um die Aufmerksamkeit zu erhöhen (Blickfang)

Wichtig:
Die Windräder sollten immer funktionsfähig sein, ggf. sollten Sie sie umgehend reparieren oder austauschen.

Gleichklang der Gegensätze

Yin und Yang

Alles, was in unserer Welt existiert und uns umgibt, besteht aus Gegensätzen, die unser menschliches Dasein bestimmen. Yin und Yang stehen im Gegensatz zueinander und symbolisieren in ihrer Verbindung die vollkommene Harmonie. Entstanden aus dem Ur-Einen, dem Tai Chi, stehen sie für die männlichen und weiblichen Prinzipien in der Natur. Dabei ist nichts als solches ausschließlich Yin oder Yang, sondern nur in der jeweiligen Beziehung zu etwas anderem hat es Yin- oder Yang-Qualität. Das bekannte Yin/Yang-Zeichen bildet einen kleinen Anteil Yin im Yang und einen kleinen Anteil Yang im Yin ab, was zeigt, daß das eine immer im anderen vorhanden ist und ohne es nicht existieren kann. Kein Schatten kann ohne Licht, keine Wärme ohne Kälte empfunden werden, und ohne Ruhe gibt es keine Bewegung.

Im Feng Shui wird über das Gleichgewicht von Yin und Yang Harmonie und Einheit zwischen Umgebung und Mensch hergestellt, um das Schicksal des Einzelnen zu begünstigen. Dabei stehen Yin und Yang in einem fortwährenden Austausch und bewirken Wandel. So folgt die Nacht auf den Tag und der Tag auf die Nacht.

Gutes Feng Shui ist daher vor allem der richtige Ausgleich von Yin und Yang. Zuviel Yin erzeugt Schwere und Starrheit, während zuviel Yang Unruhe und Aggression verursachen kann. Die Anwendung von Yin und Yang erfordert eine ständige Aufmerksamkeit über die Notwendigkeit einer Veränderung.

Yin	Yang
Nacht	Tag
Dunkel	Hell
passiv	aktiv
weiblich	männlich
Mond	Sonne
Erde	Himmel
Winter	Sommer
Kälte	Wärme
Tiger	Drache
einatmen	ausatmen
Schatten	Licht
schwer	leicht
weich	hart
rechts	links
hinten	vorne
innen	außen
gerade Zahlen	ungerade Zahlen
Körper	Seele

Zahlen

Unsere ganze Welt besteht aus Zahlen und das „von Anfang" an. Zahlen sind ein Spiegel vom „Wesen der Wirklichkeit". Jede einzelne Zahl besitzt ihre eigene Realität, Qualität und ihr eigenes geistiges Symbol für sich. Dabei entwickelte jede Kultur ihre eigene Deutungsweise.

In der westlichen Welt steht einerseits die Ordnung des Universums im Vordergrund. Alles in der Natur ist nach einem bestimmten Rhythmus aufgebaut: in der Musik kennen wir die 7 Grundtöne, in der Architektur den goldenen Schnitt (Zahlenverhältnis 3:5:8) oder in der Pflanzenwelt die rhythmische Anzahl der Blütenblätter. Andererseits wurde die Zahlensymbolik beim Bau wichtiger Gebäude in der Fassadengestaltung und zu dekorativen Zwecken eingesetzt. Dies wird besonders an der Anzahl der Arkaden und Statuen deutlich, an den ausgeklügelten Maßen wie bei den bis ins kleinste Detail berechneten Fensterrosetten.

Im Feng Shui gelten alle geraden Zahlen (2,4,6...) als Yin und alle ungeraden Zahlen (1,3,5...) als Yang.

1 Eins

Die Eins steht für die ungeteilte Einheit, die Quelle und Wurzel aller anderer Zahlen. Sie steht für Schöpfung, Fortschritt, Individualität, Eins-Sein und Selbst-Entwicklung. Ihr wird die Sonne (Urkraft) zugeordnet.

2 Zwei

Die Zwei steht für Dualität und Zweiheit, sowie für die wechselseitige dynamische Anziehung. Erkenntnisse und Wissen entstehen aus der Ausbalancierung und Verbindung von Gegensätzen. Ihr wird der Mond zugeordnet.

3 Drei

Die Drei ist die Zahl der Vollkommenheit und Vollendung und Symbol Gottes. Sie versinnbildlicht Körper, Geist und Seele oder Bewußtsein, Unter- und Überbewußtsein. Sie steht außerdem für die Familie – Vater, Mutter und Kind. In ihr verkörpern sich Lebensfreude, Optimismus und Offenheit. Sie gilt als ausgesprochene Glückszahl. Ihr wird der Jupiter (Glücksbote) zugeordnet.

4 Vier

Die Vier ist die traditionelle Zahl des irdischen Universums, der Elemente, der Jahreszeiten, der Himmelsrichtungen und des → *Quadrates*. Solidarität, Standfestigkeit, Kraft und Ausdauer sind ihre Zuordnungen. Ihr wird als Planet Uranus zugeordnet.

5 Fünf

Nach Pythagoras ist die Fünf die vollkommene Zahl des Mikrokosmos – der Mensch, ein Pentagramm. Der Mensch reagiert über seine Fünf Sinne – Hören, Sehen, Schmecken, Riechen und Tasten. Die Fünf gilt als aktiv, impulsiv, abenteuerlustig, neugierig und erfinderisch. Ihr wird Merkur zugeordnet.

6 Sechs

Die Zahl der Tage des Schöpfungswerkes und somit ein Hinweis auf übermenschliche Kraft. Ihre Attribute sind Gleichgewicht, Gesundheit und Friede, Mitgefühl, Liebe und Dienst an der Gemeinschaft. Modern ausgedrückt symbolisiert sie die Partnerschaft. Ihr wird die Venus zugeordnet.

7 Sieben

Wie in Asien, so gilt auch in Europa die Sieben als heilige Zahl. Sie symbolisiert die göttliche Dreifaltigkeit (3) im irdischen Universum (4). Sie zeigt uns die mystische Wandlung von Geburt und Wiedergeburt auf. Wir kennen die „sieben heiligen Schwüre" oder die „sieben Todsünden". Zur Sieben gehört der Planet Neptun.

8 Acht

Die Acht zeigt uns das Fließen der Lebensströme in einer endlosen Spiralbewegung. Die liegende Acht wird als Lemniskate, Zeichen der Unendlichkeit bezeichnet. Durch die Acht wird Stärke, Macht und Autorität ausgedrückt. Ihr wird Saturn zugeordnet.

9 Neun

In der Neun sind sämtliche Zahlen und deren Kräfte vereint, weshalb sie die „Zahl der Vollendung" genannt wird. Ihr Quadrat, Einundachtzig, ist die „Zahl der Ewigkeit". Ihr Ausdruck ist Selbstlosigkeit, Toleranz, Mitgefühl und Freiheit. Ihr wird Mars zugeordnet.

Leben und Vitalität

Zimmerbrunnen

Bewegtes Wasser drückt durch seine fließende Energie Leben und Vitalität aus, zieht die Chi-Energie wie ein Magnet an, so daß das Zimmer mit lebendiger Energie aufgeladen wird.

Der Zimmerbrunnen mit seinem sprudelnden Wasser sorgt für eine gleichmäßige Luftfeuchtigkeit, filtert Staubteilchen aus der Luft, ionisiert die Luft mit lebensnotwendigen Minus-Ionen und erhält so eine große Bedeutung für unsere körperliche und emotionale Gesundheit.

Das Wasser sollte sanft und weich über die → *Steine* fließen und ein leises Plätschern erzeugen.

Bei der Gestaltung des Zimmerbrunnens sind folgende Feng Shui-Regeln zu beachten:

1. Anordnung der Steine und → *Pflanzen* nach dem idealen Standort
2. Darstellung des 5-Elemente-Zyklus in Form, Farbe und Gegenstand
3. Ausgewogenheit zwischen Yin und Yang

Im Einzelnen bedeutet dies, daß die Schale groß genug gewählt werden sollte, um eine ausreichend große Wasserfläche zu erhalten. Die Steine und Pflanzen sind so zu plazieren, daß diese symbolisch Drache, Tiger, Phönix und Schildkröte darstellen.

Es ist wichtig, daß das Wasser immer sauber bleibt und dafür zu sorgen, daß die Pflanzen kräftig und gesund gedeihen. Außerdem sollen die technischen Geräte, wie Pumpe, Filter und Beleuchtung, funktionsfähig sein. Es empfiehlt sich, nur gefiltertes Wasser (z.B. mit Aktivkohlefilter) zu verwenden, um einer Kalkbildung im Brunnen vorzubeugen.

Anwendung:
· Zur Belebung und Energiesteigerung in Räumen
· Als Luftbefeuchter
· Zur Aktivierung stagnierender Bereiche
· Als Blickfang im Eingangsbereich von Büro- und Geschäftsgebäuden

Ba Gua-Bereich:
· Reichtum
· Eltern
· Karriere

Wichtig:
· Es sollte immer auf klares Wasser und gesunde Pflanzen geachtet werden.
· Keine Objekte, die dem Feuer-Element zugeordnet werden, neben den Zimmerbrunnen stellen.
· Den Zimmerbrunnen nicht vor einer Fensterfläche aufstellen.

Affirmation:
Ich übergebe mich dem Fluß des Lebens, und bin bereit, zu geben und zu nehmen.

Index

Stichwort	Verweis
Abstellraum	Ba Gua (Zentrum)
Achat	Edelsteine
Acht	Zahlen
Affirmation	Affirmation
Agave	Pflanzen
Aktivierung	Blumen, DNS-Doppel-spirale, Kristalle
Aloe	Pflanzen
Amethyst	Edelsteine (Amethyst)
Anerkennung	Ba Gua (Ruhm)
Ankh	Kreuz
Aquarium	Ba Gua (Karriere, Eltern, Reichtum), Aquarium, Wasser
Aromatherapie	Düfte
Aufgeschlossenheit	Edelsteine (Rosenquarz)
Aufmerksamkeit	Mobile
Ausdehnung	Elemente (Feuer)
Autorität	Ba Gua (Freunde)
Ba Gua	Ba Gua
Balkon	Ba Gua
Bambus	Ba Gua (Eltern, Reichtum)
Bejahung	Affirmation
Beleuchtung	Licht, Salzlampe
Berg	Ba Gua (Wissen), Steine
Bergkristall	Edelsteine
Bewegung	Mobile, Wasserfallposter, Windrad
Bibliothek	Ba Gua (Wissen)
Blau	Farben
Blumen	Ba Gua (Eltern, Freunde), Blumen, Elementarwesen, Füllhorn, Rose
Bogenhanf	Pflanzen
Bonsai	Pflanzen
Borte	Mäander
Braun	Farben
Briefbeschwerer	Briefbeschwerer, Edelsteine (Rauchquarz), Ei, Spiegel
Buchsbaum	Buchsbaum, Labyrinth, Türkranz
Dauerhaftigkeit	Buchsbaum
Deckenfluter	Licht
Delphin	Delphin, Mobile

Stichwort	Verweis
Dickbauch-Buddha	Ba Gua (Reichtum)
DNS-Doppelspirale	DNS-Doppelspirale
Donner	Ba Gua (Eltern)
Doppelspirale	DNS-Doppelspirale
Drei	Dreieck, Zahlen
Düfte	Düfte
Duftlampe	Düfte
Durchsetzung	Farbe (Rot), Magisches Quadrat
Dynamik	Farbe (Rot), Wasserfall-poster
Edelsteine	Edelsteine
Efeu	Pflanzen, Türkranz
Ehe	Ba Gua (Ehe), Blumen, Delphin, Düfte, Farben (Gelb, Rosa, Braun), Mobile, Rose, Salzlampe, Steine
Ehre	Türkranz
Ei	Ei
Eingang	Ba Gua, Affirmation, Buchsbaum, Klangspiel, Kristall, Labyrinth, Licht, Löwe, Mandala, Mistel, Paravent, Quadrat, Rosen-kugel, Runen, Spiegel, Steine, Tor, Türkranz, Wasserfallposter, Windrad, Zimmerbrunnen
Einhorn	Einhorn
Eins	Zahlen
Elefant	Ba Gua (Wissen)
Elementarwesen	Elementarwesen
Elemente	Elemente
Elfe	Elementarwesen
Eltern	Ba Gua (Eltern), Blumen, Delphin, Eule, Farben (Grün), Hirsch, Quelle, Wasser, Wasserfallposter, Zimmer-brunnen
Energieabfluß	Edelsteine (Achat, Berg-kristall), Klangspiel, Kristall, Paravent
Energiefeld	Spirale

182

Stichwort	Verweis
Engel	Engel
Ente	Ba Gua (Ehe)
Entscheidungshilfe	Edelsteine (Bergkristall)
Entspannung	Düfte, Räuchern
Entwicklung	Briefbeschwerer
Erde	Ba Gua (Ehe), DNS-Doppelspirale, Elemente, Farben (Gelb, Braun, Orange), Pflanzen, Quadrat, Regenbogen, Steine
Erfolg	Magisches Quadrat
Eule	Eule
Fahne	Fahne
Farben	Elemente, Farben, Regenbogen
Feen	Elementarwesen
Fehlbereich	Ba Gua, Licht, Spiegel, Steine, Teich, Windrad
Fenster	Edelsteine (Achat, Bergkristall), Kreuz, Kristall, Mobile
Fensterkreuz	Kreuz
Fenstersprossen	Kreuz
Feuer	Ba Gua (Ruhm), Dreieck, Düfte, Elemente, Kerze, Pflanzen
Fisch	Ba Gua (Reichtum), Aquarium, Mobile, Teich
Fleur-de-lis	Lilie
Flexibilität	Elemente (Wasser)
Fluorit	Edelsteine
Flur	Kristall, Mobile
Formen	Dreieck, Elemente
Forsythie	Pflanzen
Freunde	Ba Gua (Freunde), Blumen, Buchsbaum, Delphin, Einhorn, Elementarwesen, Engel, Farben (Weiß), Kreis, Kristall
Freundschaft	Ba Gua (Ehe), Farben (Blau), Türkranz
Frieden	Ba Gua, Delphin
Frische	Farben (Grün), Windrad
Fruchtbarkeit	Ei, Frosch, Füllhorn, Quelle
Früchte	Früchte, Füllhorn

Stichwort	Verweis
Frosch	Frosch
Fülle	Früchte, Füllhorn
Fünf	Zahlen
Fürsorge	Delphin, Farbe (Blau)
Fuchsie	Pflanzen
Gartentür	Tor
Geborgenheit	Edelsteine (Achat), Elemente (Erde), Farben (Gelb), Quadrat, Steine
Geld	Farbe (Schwarz)
Geldbaum	Pflanzen
Gelb	Farben
Geselligkeit	Elemente (Wasser), Wasserfallposter
Gesundheit	Ba Gua (Eltern), Farben (Grün), Magisches Quadrat, Quelle
Girlande	Buchsbaum, Fahne
Glocke	Ba Gua (Freunde)
Glück	Füllhorn, Magisches Quadrat, Mistel, Teich, Wasser
Grün	Farben
Harmonie	Ba Gua, Blumen, Delphin, Elemente, Regenbogen, Steine, Yin und Yang
Harmony Wings	Mobile
Haustür	Tor, Türkranz
Hibiskus	Pflanzen
Hilfsbereitschaft	Edelsteine (Rosenquarz)
Himmel	Ba Gua (Freunde), DNS-Doppelspirale, Kreis, Mandala, Quadrat, Regenbogen
Himmelssequenz	Ba Gua
Hirsch	Hirsch
Holz	Elemente, Pflanzen
Inspiration	Elemente (Feuer)
Intuition	Briefbeschwerer
Intellekt	Elemente (Feuer)
Irrgarten	Labyrinth
Jupiter	Magisches Quadrat
Kakteen	Pflanzen
Kanten	Klangspiel, Kristall

Stichwort	Verweis
Karriere	Ba Gua (Karriere), Aquarium, Buchsbaum, Farben (Blau, Schwarz), Frosch, Mandala, Quelle, Teich, Wasser, Wasserfallposter, Zimmerbrunnen
Kerze	Kerze
Kinder	Ba Gua (Kinder), Briefbeschwerer, Delphin, Ei, Einhorn, Elementarwesen, Farben (Weiß), Frosch, Kreis, Kristall
Klangspiel	Klangspiel
Klarheit	Edelsteine (Bergkristall), Elemente (Metall)
Kommunikation	Elemente (Wasser), Wasserfallposter
Kontrollzyklus	Elemente
Konzentration	Edelsteine (Bergkristall, Rauchquarz), Elemente (Metall), Farben (Weiß)
Kraft	Ba Gua (Freunde). Affirmation, DNS-Doppelspirale, Einhorn, Engel, Hirsch, Löwe, Magisches Quadrat, Quelle, Runen, Wasserfallposter
Krankheit	Kerze
Kräuterspirale	Spirale
Kreativität	Ba Gua (Kinder), Briefbeschwerer, Edelsteine, Elemente (Holz), Farben (Grün, Blau)
Kreis	Kreis, Mandala, Spirale
Kreisverkehr	Kreis
Kreuz	Kreuz
Kristallüster	Kristall
Kristallprismen	Kristall
Labyrinth	Labyrinth
Langlebigkeit	Buchsbaum, Hirsch, Türkranz
Leben	Blumen, Ei, Farben (Rot, Grün), Frosch, Kreuz, Zimmerbrunnen

Stichwort	Verweis
Lebensbereiche	Ba Gua, DNS-Doppelspirale
Lebensfreude	Ba Gua (Ruhm), Delphin
Lebenskraft	Türkranz
Lebensweg	Ba Gua (Karriere)
Lehrer	Ba Gua (Eltern)
Lernen	Edelsteine (Fluorit)
Liebe	Delphin, Edelsteine (Rosenquarz), Rose
Licht	Kerze
Lilie	Lilie
Löwe	Löwe, Tor
Logo	Runen
Luftbefeuchter	Pflanzen, Zimmerbrunnen
Luftfilter	Pflanzen
Mäander	Mäander
Macht	Löwe, Magisches Quadrat
Magisches Quadrat	Magisches Quadrat, Quadrat
Magnolie	Pflanzen
Makrokosmos	Spirale
Mandala	Ba Gua (Wissen, Ehe), Kreis, Quadrat
Mars	Magisches Quadrat
Meditation	Edelsteine (Achat), Mandala, Räuchern
Meditationsplatz	Ba Gua (Wissen)
Metall	Elemente, Kreis, Pflanzen
Mineralien	Edelsteine
Mistel	Mistel
Mitte	Ba Gua
Mobile	Mobile, Schmetterling
Mosaik	Spirale
Motivation	Affirmation
Mut	Einhorn
Münze	Ba Gua (Reichtum)
Nachbar	Ba Gua (Freunde)
Narzisse	Pflanzen
Natur	Elementarwesen, Elemente, Farben
Neun	Zahlen
Neutralität	Edelsteine (Bergkristall)
Offenheit	Farben (Blau)
Orange	Farben
Ordnung	Edelsteine (Fluorit)
Ornament	Mäander
Paravent	Paravent

184

Stichwort	Verweis
Partnerschaft	Ba Gua (Ehe), Blumen, Delphin, Düfte, Farben (Gelb, Rosa, Braun), Mobile, Rose, Salzlampe, Steine
Pflanze	Ba Gua (Eltern, Reichtum), Pflanzen
Planeten	Magisches Quadrat
Planetensiegel	Magisches Quadrat
Potpourri	Rose
Poster	Delphin, Wasserfallposter
Quadrat	Mäander, Magisches Quadrat, Mandala, Quadrat
Quelle	Quelle
Quellstein	Quelle
Räuchern	Räuchern
Rauchquarz	Edelsteine
Raummitte	Kristall
Raumqualität	Düfte, Pflanzen, Edelsteine, Salzlampe
Raumteiler	Paravent
Regenbogen	Kristall, Regenbogen
Regenbogenkristall	Kristall
Reichtum	Ba Gua (Reichtum), Aquarium, Farben (Schwarz, Grün), Früchte, Füllhorn, Hirsch, Löwe, Magisches Quadrat, Mobile, Quelle, Teich, Wasser, Wasserfallposter, Zimmerbrunnen
Reinheit	Einhorn, Engel
Reinigung	Düfte, Edelsteine (Amethyst), Räuchern, Salzlampe
Rosa	Farben
Rose	Rose
Rosenbogen	Tor
Rosenkugel	Rosenkugel
Rosenquarz	Edelsteine
Rot	Farben
Ruhe	Farben (Gelb), Mandala, Steine
Ruhm	Ba Gua (Ruhm), Blumen, Düfte, Farben (Rot, Violett), Kerze, Lilie, Mobile, Rose, Salzlampe, Schmetterling

Stichwort	Verweis
Runen	Runen
Salzkristallampe	Salzlampe
Sanftheit	Hirsch
Saturn	Magisches Quadrat
Schmetterling	Mobile, Schmetterling
Schöpfung	Elemente (Holz)
Schöpfungszyklus	Elemente
Schreibtisch	Briefbeschwerer
Schutz	Affirmation, Edelsteine (Achat), Engel, Hirsch, Kerze, Klangspiel, Kreis, Löwe, Paravent, Pflanzen, Runen, Tor, Türkranz
Schutzengel	Ba Gua (Freunde), Engel
Schwarz	Farben
Schwelle	Tor
Sechs	Zahlen
See	Ba Gua (Kinder)
Sicherheit	Ba Gua (Wissen), Edelsteine (Achat), Elemente (Erde), Magisches Quadrat, Steine
Sieben	Zahlen
Skulptur	Delphin, Einhorn, Elementarwesen, Engel, Eule, Frosch, Löwe
Sonne	Farben (Gelb), Kreis, Löwe
Spanische Wand	Paravent
Spiegel	Ba Gua (Karriere), Rosenkugel
Spirale	DNS-Doppelspirale, Mäander, Spirale
Spitze	Dreieck
Springbrunnen	Teich, Wasser
Stabilität	Ba Gua (Wissen), DNS-Doppelspirale, Elemente (Erde), Farben (Gelb), Mandala, Quadrat, Steine
Steine	Edelsteine, Steine, Teich, Zimmerbrunnen
Tai Chi	Ba Gua
Tapete	Mäander
Teich	Elementarwesen, Quelle, Steine, Wasser
Terrasse	Ba Gua
Tor	Tor

Stichwort	Verweis	Stichwort	Verweis
Treppe	Ba Gua	Yang	DNS-Doppelspirale,
Trinkhorn	Füllhorn		Kristall, Steine, Teich,
Treue	Farben (Blau), Türkranz		Wasser, Zahlen, Zimmer-
Trigramm-Band	Ba Gua (Eltern)		brunnen
Tür	Ba Gua, Affirmation,	Yin	DNS-Doppelspirale,
	Buchsbaum, Klangspiel,		Kristall, Steine, Teich,
	Kristall, Paravent, Rosen-		Wasser, Zahlen, Zimmer-
	kugel, Runen, Spiegel, Tor		brunnen
Türglockenspiel	Klangspiel	Yggdrasil	Hirsch
Türschild	Spiegel	Zahlen	Zahlen
Türwächter	Buchsbaum, Klangspiel,	Zentrum	Ba Gua, DNS-Doppel-
	Löwe, Tor		spirale, Farben (Gelb),
Unwetter	Kerze		Kreis, Kristall, Mandala,
Vase	Ba Gua (Wissen), Blumen		Rosenkugel, Spirale, Steine
Vier	Zahlen	Zimmerbrunnen	Ba Gua (Eltern, Reichtum),
Violett	Farben		Frosch, Quelle, Zimmer-
Vitalität	Wasserfallposter, Zimmer-		brunnen
	brunnen	Zufriedenheit	Ba Gua (Reichtum)
Vorgesetzter	Ba Gua (Eltern)	Zukunft	Ba Gua (Kinder)
Vorhang	Mäander	Zuneigung	Rose
Wachstum	Ei, Elemente (Holz)	Zwei	Zahlen
Wandabschluß	Mäander	Zypresse	Pflanzen
Wasser	Ba Gua (Karriere), Aqua-		
	rium, Dreieck, Elemente,		
	Pflanzen, Teich, Wasser,		
	Wasserfallposter, Zimmer-		
	brunnen		
Wasserspeier	Frosch		
Weisheit	Delphin, Eule		
Weiß	Farben		
Wind	Ba Gua (Reichtum)		
Windrad	Windrad		
Windsack	Windrad		
Windspiel	Klangspiel		
Windtürmchen	Ba Gua (Eltern)		
Wintergarten	Klangspiel		
Wissen	Ba Gua (Wissen), Blumen,		
	Düfte, Edelsteine, Einhorn,		
	Eule, Farben (Gelb, Braun),		
	Kerze, Mandala, Salzlampe,		
	Steine		
Wohlbefinden	Düfte, Edelsteine		
Wohlstand	Ba Gua (Reichtum),		
	Früchte, Teich		
Würde	Fahne		

Weiterführende Literatur

Andrews, Ted: Zauber des Feenreiches. Neuwied, 1995
Brönnle, Stefan: Die Kraft des Ortes. Niedernhausen, 1998
Brown, Simon: Feng Shui-Praxis. München, 1998
Chuen, Lam Kam: Das Feng Shui-Handbuch. Sulzberg, 1996
Fischer-Rizzi, Susanne: Botschaft an den Himmel. München, 1996
Fisher, Adrian & Loxton, Howard: Geheimnis des Labyrinths.
     CH-Aarau, 1998
Gienger, Michael: Die Steinheilkunde. Saarbrücken, 1995
Hale, Gil: Feng Shui-Garten-Praxis. CH-Neuhausen, 1998
Huber, Franz X. J. & Schmidt, Anja: Weihrauch, Styrax, Sandelholz.
     München, 1998
Jordan, Harald: Räume der Kraft schaffen. Freiburg, 1997
Lechner-Knecht, Sigrid: Die Hüter der Elemente. Berlin, 1989
Mann, A. T.: Mystische Architektur. CH-Wettswil, 1996
Michell, John & Wagner, Waltraud: Maßsysteme der Tempel.
     Saarbrücken, 1988
Pennick, Nigel: Handbuch der angewandten Geomantie.
     Saarbrücken, 1985
Pennington, George: Die Tafeln von Chartres. Düsseldorf, 1994
Pogacnik, Marko: Schule der Geomantie. München, 1996
Sator, Günther: Feng Shui – Die Kraft der Wohnung erkennen und
     nutzen. München, 1998
Sator, Günther: Feng Shui – Garten für die Sinne. München, 1999
Scheiner/Bradler: Feng Shui als Spiegelbild. Landsberg, 1997
Scheiner/Bradler: Feng Shui Symbole des Ostens. Darmstadt, 1999
Spear, William: Die Kunst des Feng Shui. München, 1996
Spiesberger, Karl: Runenmagie. Berlin, 1954
Yun/Rossbach: Feng Shui – Farbe und Raumgestaltung. München, 1996
Walters, Derek: Feng Shui – Die Kunst des Wohnens. München, 1998
Zettel, Christa: Das Geheimnis der Zahl. München, 1996

Kontaktadressen

Feng Shui-Seminare und -Ausbildungen:
- HAGIA CHORA
  Schule für Geomantie
  Luitpoldallee 35
  D-84453 Mühldorf
  Tel: (0049) 08631 – 379 633
  Fax: (0049) 08631 – 379 634
- Die Feng Shui-Agentur
  Isolde Schaeffer
  Kreuslinstraße 1
  D-80798 München
  Tel: (0049) 089 – 272 22 44
  Fax: (0049) 089 – 272 22 31
- Feng Shui-Kreativ
  Ludwigsplatz 14
  D-83022 Rosenheim
  Tel: (0049) 08031 – 288 977
  Fax: (0049) 08031 – 288 978

Feng Shui-Artikel
- Feng Shui & Kristalle
  Groß- und Einzelhandel
  Ludwigsplatz 14
  D-83022 Rosenheim
  Tel: (0049) 08031 – 288 977
  Fax: (0049) 08031 – 288 978
  eMail: fengshui.kristalle@firemail.de
- Oneness World
  Kreuzstraße 4
  D-80331 München
  Tel: (0049) 089 – 260 66 51
- Feng Shui – Der Laden
  Welser Straße 10
  D-10777 Berlin
  Tel: (0049) 030 – 211 17 71
- ESOTERIKA
  Stellinger Weg 4
  D-20255 Hamburg
  Tel: (0049) 040 – 400 126

- FOCUS
  Brabanterstraße 1
  D-52070 Aachen
  Tel: (0049) 0241 – 506 350
- SOMANAS
  Antwerpener Straße 24
  D-50672 Köln
  Tel: (0049) 0221 – 528 587
- SCHIRNER Buchhandlung
  Feng Shui-Artikel, Literatur, Salzlampen
  Elisabethenstraße 20-22
  64283 Darmstadt
  Tel. (0049) 06151 – 293 939
  Regelmäßige Feng Shui-Sprechstunde
- Steinkreis
  Mineralien und Edelsteine
  Pachmayerweg 1
  83119 Obing-Frabertsham
  Tel. (0049) – 08624 – 829 556
- Avalon – Haus der Esoterik
  Münchner Straße 11
  85221 Dachau
  Tel: (0049) 08131 – 353 075
- Remy Forum
  Rathausplatz 2
  87435 Kempten
  Tel: (0049) 0831 – 18 142
- Ländliches Wohnen & Lebensgefühl
  Bahnhofstraße 3
  A-9800Spittal/Drau
  Tel. (0043) 04762 – 35 706
- FengShui Unlimited
  Wasserschöpfi 60
  CH-8055 Zürich
  Tel: (0041) 01 – 4 518 555

Ba Gua-Schablone
für quadratische Räume

Reichtum	_Ruhm_	_Ehe/Partnerschaft_
• Pflanzen • goldene Früchte • DNS-Doppelspirale • Wasser/Aquarium, Zimmerbrunnen, Wasserfallposter, Quelle	• Urkunden, Pokale • helles Licht/Kerzen/ Salzkristall-Lampe • DNS-Doppelspirale • Kristall-Prismen • Schmetterlings-Mobile	• paarweise Gegenstände/Partner-Delphine • Salzkristall-Lampe • Mandala • DNS-Doppelspirale • rote Rosen • Mineralien/Edelsteine
Eltern	_Tai Chi_	_Kinder_
• Pflanzen/Blumen • Delphin • DNS-Doppelspirale • Klangspiel • Wasser/ Aquarium, Zimmerbrunnen	• Mandala • Wasser/ Aquarium, Zimmerbrunnen • DNS-Doppelspirale	• Kristall-Prismen • spielende Delphine • Metall-Klangspiel • phantasievolle Gemälde • Mobile • blühende Blumen
Wissen	_Karriere_	_Hilfreiche Freunde_
• Bücher • Bild mit Bergmotiv • Einhorn • Kerze • Salzkristall-Lampe • Yin/Yang-Emblem • Mandala • Mineralien/Edelsteine	• Spiegel • blauer Fußabstreifer • Wasser/ Aquarium, kl. Zimmerbrunnen, Schale mit Wasser, Wasserfallposter, Wellenmuster auf Wand und Boden, Quelle	• Kristall-Prismen • Delphin-Gruppe • DNS-Doppelspirale • Engelbilder/-figuren

Eingang

Ba Gua-Schablone
für breite Räume

Reichtum	Ruhm	Ehe/Partnerschaft
• Pflanzen • goldene Früchte • DNS-Doppelspirale • Wasser/Aquarium, Zimmerbrunnen, Wasserfallposter, Quelle	• Urkunden, Pokale • Licht/Kerzen/Salzkristall-Lampe • DNS-Doppelspirale • Kristall-Prismen • Schmetterlings-Mobile	•paarweise Gegenstände/ Partner-Delphine • Salzkristall-Lampe • Mandala • DNS-Doppelspirale • rote Rosen • Min./Edelst.
Eltern	Tai Chi	Kinder
• Pflanzen/Blumen • Delphin • DNS-Doppelspirale • Klangspiel • Wasser/ Aquarium, Zimmerbrunnen	• Mandala • Wasser/ Aquarium, Zimmerbrunnen • DNS-Doppelspirale	• Kristall-Prismen • spielende Delphine • Metall-Klangspiel • phantasievolle Gemälde • Mobile • blühende Blumen
Wissen	Karriere	Hilfreiche Freunde
• Bücher • Bild mit Bergmotiv • Einhorn • Kerze • Salzkristall-Lampe • Yin/Yang-Emblem • Mandala • Mineralien/Edelsteine	• Spiegel • blauer Fußabstreifer • Wasser/Aquarium, kl. Zimmerbrunnen, Schale mit Wasser, Wasserfallposter, Wellenmuster etc.	• Kristall-Prismen • Delphin-Gruppe • DNS-Doppelspirale • Engelbilder/-figuren

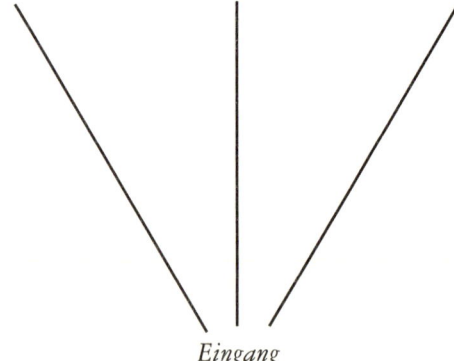

Eingang

Ba Gua-Schablone
für tiefe Räume

Reichtum	_Ruhm_	_Ehe/Partnerschaft_
• _Pflanzen_ • _goldene Früchte_ • _DNS-Doppelspirale_ • _Wasser/Aquarium, Zimmerbrunnen, Wasserfallposter, Quelle_	• _Urkunden, Pokale_ • _helles Licht/Kerzen/ Salzkristall-Lampe_ • _DNS-Doppelspirale_ • _Kristall-Prismen_ • _Schmetterlings-Mobile_	• _paarweise Gegenstände/ Partner-Delphine_ • _Salzkristall-Lampe_ • _Mandala_ • _DNS-Doppelspirale_ • _rote Rosen_ • _Mineralien/ Edelsteine_
Eltern	_Tai Chi_	_Kinder_
• _Pflanzen/Blumen_ • _Delphin_ • _DNS-Doppelspirale_ • _Klangspiel_ • _Wasser/ Aquarium, Zimmerbrunnen_	• _Mandala_ • _Wasser/ Aquarium, Zimmerbrunnen_ • _DNS-Doppelspirale_	• _Kristall-Prismen_ • _spielende Delphine_ • _Metall-Klangspiel_ • _phantasievolle Gemälde_ • _Mobile_ • _blühende Blumen_
Wissen	_Karriere_	_Hilfreiche Freunde_
• _Bücher_ • _Bild mit Bergmotiv_ • _Einhorn_ • _Kerze_ • _Salzkristall-Lampe_ • _Yin/Yang-Emblem_ • _Mandala_ • _Mineralien und Edelsteine_	• _Spiegel_ • _blauer Fußabstreifer_ • _Wasser/ Aquarium, kl. Zimmerbrunnen, Schale mit Wasser, Wasserfallposter, Wellenmuster auf Wand und Boden, Quelle_	• _Kristall-Prismen_ • _Delphin-Gruppe_ • _DNS-Doppelspirale_ • _Engelbilder/-figuren_

Eingang

Die ostliche Ergänzung zu „Feng Shui Symbole des Westens":

Christine M. Bradler
Joachim Alfred P. Scheiner
Feng Shui Symbole des Ostens
DM 19,80/öS 145,–/ sFr 19,–
ISBN 3-930944-87-1

Die Anwendung des „modernen", d.h. unseren neuzeitlichen Bedürfnissen angepaßten, Feng Shui erfordert den optimalen Einsatz der vielfältigen Feng Shui-Hilfsmittel, die ursprünglich einst aus China stammten, mittlerweile allerdings auch in unserem westlichen Kulturkreis beheimatet sind. Seien es Tiere wie Drache, Schildkröte und Kranich oder Gegenstände wie Schirm, Spiegel und Vase, jedes Symbol trägt eine wirkungsvolle Kraft in sich. Um diese zu entfalten, benötigt es den „richtigen" Platz. Dazu gilt es zunächst, sich dieser Kraft bewußt zu werden und sie dann entsprechend den Regeln des Feng Shui gezielt einzusetzen. Die dafür erforderlichen Kenntnisse vermitteln, alphabetisch sortiert, das hier vorgestellte Buch „Feng Shui Symbole des Ostens" und sein Gegenstück „Feng Shui Symbole des Westens" – getrennt nach Symbolen des Ostens, also den „klassischen", und jenen des Westens, den „neuzeitlichen" – und werden damit zum Wegweiser und zur Entscheidungshilfe bei der Suche nach dem für den Leser richtigen Symbol an der richtigen Stelle.